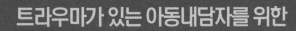

트라우마가 있는 아동내담자를 위한

미술치료
프로그램

송 순 | 이숙민 | 지옥진

The Art Therapy Program

박영story

머리말

　최근 우리사회에서 연속적으로 접하게 되었던 대구지하철 사고, 천안함 사고, 세월호 침몰 사고 등을 바라보면서 트라우마 생존자 및 가족을 위한 치유프로그램 및 상담기법들이 얼마나 있는가에 관심을 갖게 되었다. 트라우마에 초점을 맞춘 미술치료프로그램과 양성교재가 필요한 것을 확인하였고, 트라우마 생존자 및 가족에게 도움을 줄 수 있는 미술심리상담사를 위한 교재 및 참고도서가 절실히 필요하다는 것을 알아차렸다.

　사람은 누구나 다소의 외상을 갖고 있으며 이를 치유하기 위해서는 누군가의 도움이 필요하다. 저자들은 오랫동안 임상현장에서 경험을 바탕으로 미술치료프로그램을 개발하였고 미술심리상담사 교육과정과 트라우마 생존자(학대피해 아동, 그룹홈 아동, 성폭력피해아동) 심리상담에 적용해보며 치료적 효과와 타당성 검증 과정을 거치느라 완성의 시기가 3년을 훌쩍 지나게 되었다.

　이제 우리의 임상경험을 통해 완성된 트라우마가 있는 아동내담자를 위한 미술치료프로그램을 출간하게 되었다. 이후 심리상담사 양성 교육과 재난 및 재해 등 다양한 원인으로 인한 트라우마 생존자를 위한 미술치료프로그램 개발의 기초자료로서 기여할 수 있기를 기대하면서 이 책이 치료사와 상담사의 트라우마 생존자 및 가족을 위한 치유적 미술치료프로그램으로 적극 활용되기를 간절히 기대해본다.

　이 책의 내용과 구성은 이론적 및 방법론적 배경에 바탕하여 치유적 미술프로그램을 제시하였으며 총 4장으로 구성되어 있다.

　제1장에서는 미술치료의 이해를 정리하였다. 미술치료는 '미술활동'과 '치료'로 이루어지며 이에 대해 몇 가지 이론, 매체와 기법, 치료사로서의 자질과 역할, 미술치료프로그램 진행 절차를 소개하였다.

　제2장에서는 아동미술과 아동미술치료를 정리하였다. 심리학자들은 아동을 이해하기 위한 방법으로 그림을 분석하기 시작하였고, 미술교사들은 아동의 그림을 이해하여 더욱 나은 교육을 하기 위한 방법을 찾으려고 애썼다. 미술표현이 한 아동의 전반적 발달을 보여주는 하나의 예라는 것을 알게 해준다. 물론, 이러한 발달은 아동의 사회, 정서, 인지, 언어, 신체 등의 발달 전반과 밀접한 관계를 맺고 있으므로 이에 대한 기본 이해로 아동미술의 이해, 아동미술 발달단계, 아동미술의 의의와 효과, 아동미술과 아동미술치료를 소개하였다.

　제3장에서는 아동 트라우마와 심리치료를 정리하였다. 심리적 트라우마(psychological trauma)의 네가지 정의를 토대로, 첫째, 트라우마와 심리치료에 대한 이해. 둘째, 아동기 트

라우마에 대한 이해. 셋째, 아동기 발달단계에 따른 트라우마의 영향과 치유. 넷째, 미술치료가 트라우마가 있는 내담자들의 외상적 치유에 효과가 있음에 대한 실증적 연구들을 바탕으로 프로그램 개발의 이론적 바탕을 마련하였다.

제4장에서는 트라우마가 있는 아동내담자를 위한 미술치료프로그램을 정리하였다. 프로그램은 이론적 배경에 근거하여 개발 후 미술심리상담사 교육과정과 내담자 임상에 적용해보는 과정을 거쳐서 완성하였다. 본장의 구성은 초기 평가와 진단 및 치료계획, 안정화단계에 적용되는 미술치료프로그램(1~10회기), 외상기억처리단계에 적용되는 미술치료프로그램(11~34회기), 인지재구성단계에 적용되는 미술치료프로그램(35~44회기), 각성수준 조절단계에 적용되는 미술치료프로그램(45~57회기)을 트라우마 치료에 적합하다고 판단하여 소개하였다.

트라우마의 타입에 따라 단계별 치료기간이나 전략이 다소 변화할 수 있으므로 대략 1년의 치료기간을 두고 진행할 수 있도록 총 57회기 프로그램을 개발하였다. 내담자의 증상, 상담기간이나 비용의 제한 등 현실적인 문제가 있는 경우 프로그램 내용을 조정할 수 있으나 각 단계에서 적용할 수 있는 프로그램 내용들 중에서 선택할 수 있었으면 한다.

본 프로그램은 아동기트라우마 생존자를 어떻게 치유해야하는가에 대한 이론적, 방법론적 근거로 미술치료프로그램을 제시하였다. 아동기 트라우마는 성인기까지 지속되는 경우가 많다. 따라서 본 프로그램은 성인기에 트라우마를 갖고 있는 내담자에게도 적용이 가능하다.

트라우마 생존자 및 가족을 위한 임상현장에서 치유 미술치료프로그램 및 상담에 효과적이고 탄력적인 치료적 개입에 적용할 수 있도록 구성되었기에 치료사와 상담사에게 도움이 될 수 있으리라 기대된다. 독자 여러분의 많은 관심과 애정 어린 질책을 부탁드리며 그동안 상담에 참여하고 그 결과물들을 자료로 활용할 수 있도록 허락해준 내담자들에게 무한한 사랑과 감사를 표하고 싶다.

끝으로 이 프로그램 개발의 시발점이 되었던 원광대학교산학협력단과 부부가족부모교육협회 지옥진 협회장님께 감사하며, 이 책이 발간되기 위해 처음부터 마지막까지 트라우마 심리치료에 대한 어려운 매듭을 풀 수 있도록 열정을 다하신 이숙민 교수님께 감사의 마음을 전한다. 박영사 이영조 팀장님과 편집부 김상윤 선생님, 좋은 그림 사례들을 본문 안에 삽입해주신 부부가족부모교육협회 연구원 박미희, 윤율리안나, 황희진 선생님의 도움이 있었기에 유익하고 보기 좋은 책을 완성할 수 있었음을 깊이 감사드린다.

2018년 12월
저자 일동

차례

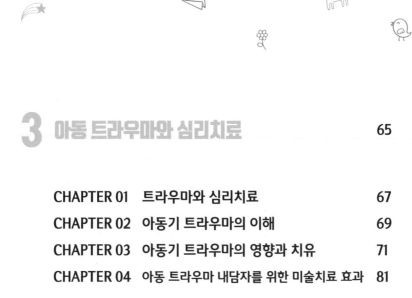

01.

미술치료의
이해

Art Therapy Program for Children with Trauma

CHAPTER 01

미술치료의 이해

미술활동은 창작을 하면서 심상을 통해 감정의 정화와 중화 과정을 거치며 대인 간의 갈등과 개인의 문제를 해결하는 과정에서 치유적 효과로 긍정적 변화와 성장을 가져다준다.

미술치료는 인간의 무의식을 의식화 하여, 궁극적으로 심리정서적 어려움을 겪고 있는 모든 연령의 내담자에게 비언어적 활동인 미술과 언어적 활동에 대해 심리상담을 함께 적용함으로써 내담자의 심리상태를 파악하고, 다양한 매체를 통해 의식과 무의식을 표현할 기회를 제공하여 자아성장을 증진할 수 있도록 도와준다(김미숙, 2012).

미술치료의 정의는 다양하게 이루어지고 있지만, 대부분 두 가지 범주에 속한다. 첫 번째는 미술활동의 창작과정에 내포된 치유성을 강조한 것으로 미술활동과정이 치료적이라는 것이다. 미술활동은 상상력을 동원하여 진실하고 자발적으로 자기 자신을 표현하는 기회이며, 개인적인 변화와 감정적 보상, 성취감으로 이끌어가는 경험이 된다. 두 번째 정의는 미술이 상징적인 의사소통의 도구라는 것으로 이러한 접근법은 미술심리치료라고 하며, 작품을 포함한 미술표현전체가 갈등이나 감정, 주제를 전달하는 데 효과적임을 강조한다. 심리치료는 이러한 접근법을 기본으로 하므로 그림의 이미지는 직관력을 갖고 내담자와 치료자간의 언어적 의사소통능력을 증진시킨다는 점에서 중요하다. 치료적 도움과 지지를 바탕으로 미술은 새로운 이해와 직관을 촉진시킬 수 있으며, 이는 문제를 해결하고 갈등을 해소하고 긍정적 변화, 성장, 치료를 이끌 수 있는 새로운 개념을 형성하도록 도와준다(최재영·김진연, 2000).

미술치료는 주의집중력 지속시간을 증가시키고 문제행동을 감소시키는 데 효과가 있으며 이는 아동의 눈높이에서 매체의 흥미와 즐거움 자기주도적 미술놀이 활동이 만족감과 성취감을 느낄 수 있고, 주의집중과 몰입에 시간을 증가시키므로 문제행동을 감소시키는 긍정적 결과로 나타났다(지옥진·오상우, 2012).

미술치료는 또한 생체의 긴장과 스트레스가 많은 청소년에게 창조적 과정과 의사소통 과정을 통해 자신을 표출함으로써 생체의 긴장이완을 촉친하고 스트레스에 대한 저항력을 높이고 감정을 증진시켜 생체 항상성 유지에 효과적이라고 할 수 있다(지옥진, 2005).

이러한 정의에 의거한 미술치료사의 역할은 미술이라는 매체를 통해 내담자들이 자신의 진정한 자아를 표현하고 탐구하여 창조적인 건강한 삶을 살아갈 수 있도록 돕는 것이다(이미경, 2011)

미술치료의 개념

미술치료는 '미술'과 '치료'로 이루어지며 이에 대해 다음과 같은 몇 가지 이론적인 입장이 있다.

Kramer (Art in Therapy)

치료자와 내담자 사이의 치료적 관계 형성과 전이 및 역전이의 해결, 자유연상, 자발적 그림표현과 해석, 그림의 상징성 등을 중시하는 입장으로 심리치료의 과정에서 미술을 매개체로 이용한다. 이 입장에서는 치료를 더욱 강조하며 치료과정에서는 말보다는 그림으로써 자신에게 일어나는 내적 욕망이나 꿈, 환상을 직접적으로 표현하도록 한다. 언어적 표현보다는 검열 기능이 약한 그림으로 무의식을 투사하게 하여 치료과정을 촉진한다. 그림으로 나타난 것은 영속성이 있어서 내용 자체가 망각에 의해 지워지지 않으므로 그 내용을 부정하기 힘들어 통찰을 촉진한다. 전이문제가 더 쉽게 해결된다.

Naumberg (Art as Therapy)

Naumberg는 미술을 꿈처럼 무의식으로부터 나오는 '상징적 언어'의 형태로 보았으며 항상 미술가 특유의 해석을 존중하면서 무의식적인 방법으로 불러내게 되고 자유로운 연상을 통하여 이해되는 것으로 보았다. 따라서 미술을 미술적 표현과 더불어 그것을 말로 나타내고 통찰하는 것을 요구하는 진단과 치료의 수단인 '무의식을 상징하는 내용'으로 가는 '왕도'로 생각했다. 반면에 크레이머는 미술을 갈등하고 있는 감정과 충동이 미학적으로 만족할 만한 형태로 통합되고 창작 과정을 통하여 자아가 통합하는 것을 도와주는 방법인 승화로 가는 '왕도'라고 보았다.

또한 나움버그는 이미 말한 정신분석을 지향하는 미술교사인 동생 플로렌스 캐인의 영향을 받았다. 나움버그 자신은 미술치료뿐만 아니라 미술교육의 개척자였다. 그녀는 1914년 월든이라는 정신분석학 원리에 확실한 뿌리를 둔 학교를 설립했으며 (그녀가 길렀던 분야처럼) 아직도 건재하다(Naumburg, 1928; 김진숙, 2006, 재인용).

Ulman (통합적 입장)

미술과정은 광범위한 인간능력을 필요로 한다. 일반적인 성숙과정에서처럼 그것은 충동과 통제, 공격과 사랑, 환상과 실제, 무의식과 의식 사이에서 필연적으로 갈등하는 요소들의 통합을 요구한다.

그녀는 미술심리치료와 치료로서의 미술은 같은 시점에 같은 방에 있는 두 측면이거나 다른 시기에 같은 치료자가 일을 하는 것과 같다고 하였다.

내담자의 작품이 예술이냐, 아니냐를 논하는 것보다는 대상에 따라서 상동적인 표현이나 강박적 표현도 허용되어야 한다고 하였다. 즉, 미술치료는 치료적 측면과 창조적 측면을 모두 내포하고 있다(한국미술치료학회, 1997).

미술치료의 장점

Wadeson(1980)은 심리치료로서 미술치료의 장점을 다음과 같이 요약하였다. 미술은 심상(image)의 표현이다. 우리는 심상으로 생각을 한다고 할 수 있다. 말이라는 형태를 취하기 전에 심상으로 사고한다. 예술매체는 종종 심상의 표출을 자극하는, 즉 일차적 과정의 매체를 자극하여 창조적 과정으로 나아가게 한다.

미술은 비언어적 수단이므로 통제를 적게 받는다. 예상치 않았던 인식은 가끔 내담자의 통찰, 학습, 성장으로 유도되기도 한다. 눈으로 볼 수 있고 만져 볼 수 있는 내담자로부터 생산된다. 내담자가 만든 어떤 유형의 대상화를 통해서 치료자와 환자 사이에 하나의 다리가 놓여진다. 미술작품은 보관이 가능하므로 필요한 시기에 재검토하여 치료효과를 높일 수 있다. 때로는 새로운 통찰이 일어나기도 하며 감정을 회상하기도 함으로써 주관적인 기억의 왜곡을 방지할 수 있다. 치료자로서는 내담자의 변화를 한 눈에 알 수 있으며 치료팀 회의에서도 내담자의 생생한 목소리를 들을 수 있다. 언어는 일차원적인 의사소통 방식임에 반해 미술은 공간적인 것이며 시간적인 요소도 없다. 미술에서는 공간 속에서의 연관성들이 발생한다. 내담자들은 대체로 미술작업을 하고 토론하고 감상하고 정리하는 과정에서 점차로 활기찬 모습을 띤다. 이는 단순한 신체적 운동이기보다는 "창조적 에너지"의 발산이라고 해석된다. 다양한 미술매체와 활동을 통한 미술작업은 내담자에게 "즐거웠다, 재미있었다."라는 기분을 맛보게 한다. 즉, 미술작업은 그 자체가 즐거움과 흥미를 주어 심리적 긴장이완을 통한 정서적인 안정감을 제공한다. 미술치료는 여러 가지 미술매체로 그리기 만들기 등의 과정을 통하여 정서적 반응을 살펴보고, 심리적 문제점을 인식하여 해결하게 하는 심리치료 프로그램이다.

조형 활동은 개인의 내적세계와 외적세계간의 조화를 이룰 수 있도록 도우며, 비언어적인 커뮤니케이션 기법으로서 미술치료는 언어적 이미지와 시각적 이미지를 통해 상실, 왜곡, 방어, 억제 등의 상황에서, 보다 명확한 자기 발견을 하게 한다. 언어적 표현이 부족한 사람에게 자기표현의 기회와 자신감을 증진시켜 줌으로 자신의 문제를 돌아보고, 문제 해결과 한계를 극복할 수 있도록 돕는 과정이다.

미술치료를 받으면 자발적 표현, 집중력, 상호작용의 증대, 분노조절, 경험 및 사고의 확장을 할 수 있다. 여러 미술 활동을 포함하고 있기 때문에 아동의 경우, 소근육 조절, 눈과 손의 협응력, 시·지각능력의 향상 등의 효과를 얻을 수 있다. 미술치료는 궁극적으로 심신의 어려움을 겪고 있는 사람을 대상으로 하여 그들의 미술작업, 다시 말하면 그림이나 조소, 디자인 기법 등을 통해서 그들의 심리를 진단하고 치료하는 데 목적이 있다. 그리고 회화요법, 묘화요법, 그림요법 등으로 음악이나 놀이, 무용, 레크리에이션, 심리극, 시 등을 이용한 예술치료의 한 영역이라고 말할 수 있다. 따라서 미술치료는 심리치료 이론을 바탕으로 미술활동이 첨가된 새로운 심리치료의 한 분야다.

즉, 미술치료는 자신의 느낌과 생각을 자유롭게 표현하고, 창조적인 에너지를 발산하고, 자신이 만든 결과물들을 통해 성취감을 경험할 수 있으며, 미술치료 과정을 통해 자신의 문제를 바라보고 해결하거나 긍정적인 방향으로 이끄는 데 효과적이다.

미술치료를 '왜'하며 무엇을 제공해야 할 것인가에 대한 많은 논의와 제한점이 있으나, '어떻게' 하며 무엇을 제공해야 할 것인가에 대한 심리치료의 한 방법으로서 독특한 이점도 가지고 있다. 그래서 다음에 Wadeson(1980)이 언급한 내용을 바탕으로, 타 기법과 비교한 미술치료의 장점을 몇 가지 요약하여 제시해 본다.

첫째, 미술은 경험과 심상의 표현이다. 우리는 심상(image)으로 생각을 한다고 볼 수 있다. 말이란 형태를 취하기 전에 심상으로 사고한다. 즉, 엄마라고 말하기 전에 '어머니'의 심상을 떠올릴 것이다. 삶의 초기 경험이 중요한 심상의 요소가 되며, 그 심상이 성격형성에 중요한 역할을 하게 된다. 미술치료에서는 꿈이나 환상, 경험의 순수한 언어적 치료법에서처럼 말로 해석하기보다는 심상으로 그려진다. 예술매체는 종종 심상의 표출을 자극하는, 즉 일차적 과정의 매체를 자극하여 창조적 과정으로 나아가게 한다.

둘째, 비언어적 수단이므로 내담자의 방어를 감소시킬 수 있는 장점이 있다. 심상과 밀접한 관련이 있는 것이 방어다. 우리는 어떤 다른 의사소통양식보다 언어화시키는 작업에 숙달되어 있다. 미술은 비언어적 수단이므로 통제를 적게 받는다. 예상치 않았던 작품이 그림이나 조소에서 제작될 수 있는데, 가끔 창작자의 의도와는 완전히 반대가 되기도 한다. 이러한 것은 미술치료의 가장 흥미 있는 잠재성 중의 하나다. 예상치 않았던 인식은 가끔 환자의 통찰, 학습, 성장으로 유도되기도 한다.

셋째, 작품을 통해 개인의 의미 자료를 즉시 얻을 수 있다. 즉, 눈으로 볼 수 있고 만져 볼 수 있는 자료가 내담자로부터 생산되는 것이다. 미술의 바로 이러한 측면이 많은 의미를 가지는데, 예컨대 내담자가 만든 어떤 유형의 대상화를 통해서 치료사와 내담자 사이에 하나의 다리가 놓여진다. 저항적 내담자들의 경우는 직접 다루는 것보다 그들의 그림을 통해 접근하는 것이 더 쉽다고 할 수 있다. 또한 내담자의 감정이나 사고 등이 그림이나 조소와 같은 하나의 사물로 구체화되기 때문에 언젠가는 자신도 모르게 자신이 만든 작품을 보고 개인의 실존을 깨닫게 된다. 어떤 사람은 단 한 번의 작품에서도 자신의 감정을 느끼기도 하며, 저항이 강한 사람은 더 오랜 시간이 걸린다.

넷째, 자료의 영속성은 내담자로 하여금 변화과정을 제공해 준다. 미술작품은 보관이 가능하기 때문에 내담자가 만든 작품을 필요한 시기에 재검토하여 치료효과를 높일 수 있다. 때로는 새로운 통찰이 일어나기도 하며, 내담자 자신도 이전에 만든 작품을 다시 보면서 당시 자신의 감정을 회상하기도 한다. 즉, 그림이나 조소가 주관적 기억의 왜곡을 방지할 수 있다는 것이다. 또한 내담자의 작품 변화를 통해서 치료의 과정을 한눈으로 이해할 수 있으며, 치료팀의 회의에서도 작품을 통해 그 내담자의 생생한 목소리를 들을 수 있다.

다섯째, 미술은 공간속에서의 연관성을 지닌다. 언어는 일차원적 의사소통방식으로 언어규칙상 대체로 한 가지씩 나간다. 언어표현과는 달리 미술표현은 문법, 통사론, 논법 등의 언어규칙을 따를 필요가 없다. 즉, 본질적으로 공간적인 것이며, 시간적인 요소도 없다. 미술에서는 공간 속에서의 연관성들이 발생한다. 이를테면 우리가 가족을 소개할 때도 먼저 아버지, 어머니를 소개하면서 그림 속에서 두 분의 관계를 이야기하고, 형제와 그들의 관계를 그린 무의식이 모든 가족과 나와의 관계를 말할 것이다. 그러나 분명한 것은 미술에서는 이 모든 것이 동시에 경험되고 있다는 사실이다. 미술의 공간성은 바로 경험을 복제한 것이다. 우리는 나의 가족을 말로 소개하고 그림으로 그것을 동시에 나타낼 수 있다. 가깝고 먼 것이나 결합과 분리, 유사점과 차이점, 감정, 특정한 속성, 가족의 생활환경 등을 표현하게 되므로 개인과 집단의 성격을 이해하기가 쉽다.

여섯째, 미술작업은 창조적 에너지와 신체적 에너지를 발산시킨다. 미술작업을 시작하기 전에 개인의 신체적 에너지는 다소 떨어져 있지만, 미술작업을 진행하고, 토론하며, 감상하고 정리하는 시간을 거치면서 대체로 활기찬 모습을 띤다. 체내의 에너지 정도가 변화한다는 것을 느끼는 사람이 많다. 그것은 단순히 신체적 운동이라기보다는 '창조적 에너지'의 발산이라고 해석된다. 연극이나 영화에서 역할을 맡은 배우처럼, 미술치료는 하나의 작업이라기보다는 놀이와 레크리에이션, 음악과 같은 창조의 에너지를 발산하는 것이라 할 수 있다.

일곱째, 미술매체와 활동은 즐거움과 흥미를 느끼게 하며, 정서적인 안정감을 제공 한다. 다양한 미술매체와 활동을 통한 미술작업은 내담자에게 "해봐서 좋았다. 즐거웠다. 재미있었다."라는 기분을 맛보게 한다. 즉, 미술작업 그 자체가 즐거움과 흥미를 주어 심리적 긴장이완을 통한 정서적인 안정감을 제공한다.

미술치료의 활용성

미술활동은 개인의 심리와 정서를 나타낸다.

미술작업 과정은 우리의 모든 것인 몸, 마음, 정신을 활용하여 통합하는 인간이 발견한 소수의 방법들 중의 하나를 제공한다.

미술활동은 생각의 심상이다.

꿈같은 정상적인 현상이나 환각같은 비정상적인 것들을 통하여 우리는 마음속에 암호화된 것이 이미지의 형식이라는 풍부한 증거를 가지고 있다.

미술활동의 초기기억은 환경의 결과다.

미술작품은 현재 안고 있는 몸과 마음의 건강상태와 괴로운 경험으로 채워진 어린 시절 환경의 결과일 수가 있다. 그것들의 발단이 너무 어릴 때이기 때문에 비언어적인 치료를 통하여 종종 더 쉽게 접근할 수 있다.

미술활동은 무의식의 의식화다.

미술은 상징적이고 본질적으로 가치 기준이 없기 때문에 사람이 말보다 더 쉽게 어두운 면을 표현할 수 있는 방식이다.

미술활동은 불가능한 표현을 가능하게 한다.

미술은 말로는 불가능한 표현들을 할 수 있으며 동일한 그림 공간에 다른 시간들과 장소들을 표현할 수 있다.

미술활동은 치료자와 내담자의 동맹관계를 형성해 준다.

미술작품은 내담자와 치료사를 연결하는 다리 역할을 하며 둘 사이에서 변화 또는 교류매체로 작용한다.

미술활동은 광범위한 대상에게 적용 가능하다.

연령의 제한이 없으며 거의 모든 장애나 시설에서 적용 가능하며 사회복귀, 치료, 교육, 발달 이론들과 관련되어 많은 방식으로 사용 가능하다.

미술활동은 예방과 재활의 심리치료적인 접근을 가능하게 한다.

정상인의 정신건강 예방으로 언어를 사용하는 심리치료보다 미술활동은 일상생활에서 빚어지는 스트레스를 완화시키며 사회로의 복귀를 제공하는 재활의 심리치료적 접근을 돕는다.

미술활동과 창작과정은 안전한 재 경험의 장이다.

미술활동은 삶의 경험과 동등한 것들을 창작함으로써 인간 경험의 폭을 넓히는 방법이다. 그것은 마음대로 경험을 선택하고 바꾸고 되풀이하는 영역이다.

미술활동은 성취감을 향상시켜 자아를 촉진하는 치료이상이다.

미술매체로 독특한 무언가를 만드는 것은 성취감 이상으로 많은 것을 촉진한다.

CHAPTER 02

미술치료 매체와 기법

진단 도구로서의 미술치료

미술치료는 프로그램 초기단계에서 내담자의 심리를 진단해야 한다. 진단적 도구로서의 미술치료란 그림의 내용, 형태, 색, 의미 등을 통해 내담자의 발달수준과 장애 정도를 진단하는 투사적 기법이다. 투사법은 인물화에 의한 지능검사, 성격검사, HTP(집·나무·사람검사)에 의한 성격진단의 연구를 통해 발전되어왔다. 심리진단에 사용되는 그림을 활용한 기법들은 다음과 같다(한국미술치료학회, 1994).

자유화법

주제나 방법을 내담자 스스로 결정하여 그리는 방법으로, 그림에 나타난 색채 사용, 선과 형태, 공간 이용과 공간적 형태, 내용을 분석하여 내담자의 심리를 진단한다. 이와 같은 내담자의 자발적인 표현은 무의식을 표현하는 데 큰 도움을 준다. 그러나 이러한 분석방법은 아직 신뢰도나 타당도에서 동의를 얻지 못한 부분이 있어 사용에 제한이 있다. 또한 미술치료 과정에서 중요한 주제가 내담자에 의해 자연스럽게 유발되기도 하지만 때로는 특별한 주제를 치료자가 제시해 주어야 한다.

과제화법

과제화법은 치료자가 인물, 가족, 친구, 집, 나무, 산, 길 등의 과제를 미리 주고 내담자에게 상상화를 그리도록 하는 방법이다. 과제화법을 통해서 이상행동에 대한 내면의 욕구와 그 욕구를 저지하는 압력에 대해 잘 알 수 있다. 여기에는 인물화, 묘화완성법, 나무그림, 집그림 검사, 산과 해의 묘화법, 풍경구성법 등이 속하며, 산, 길, 집과 같은 특정과제를 제시할 수도 있다.

상상화 그리기

한 장의 종이에는 주제를 전혀 제시하지 않고 상상화를 그리게 하고, 다른 또 한 장에는 사람, 태양, 집 등 세 가지 내용이 있도록 과제를 제시하여 상상화를 그리게 하는 방법이다. 이 방법에서 분석기준은 형태, 색채, 구도, 동적 요소, 내용 등이 된다.

나무 그리기법

나무 그리기법은 열매가 달린 한 그루를 그리도록 하는 방법으로, 진단에 널리 사용된다. 특히 나무는 내담자의 질병상태를 잘 알려 준다. 나무그림을 진단할 때에는 나무그림 검사기준을 참조하는데, 대체로 줄기, 가지, 뿌리, 열매, 잎, 전체 인상 등을 기준으로 분석한다. 나무 그리기법은 한국판 검사도구가 개발되어 있다.

집 · 나무 · 사람 (HTP: House-Tree-Person)

이 기법은 네 장의 종이에 집(House), 나무(Tree), 무엇인가 하고 있는 남자와 여자(Person)를 그리게 하는 방법으로, 유아에서 노인에 이르기까지 넓은 연령층에 포괄적으로 활용되는 방법이다. 이 기법은 '내담자가 자신을 어떻게 느끼며, 과거를 어떻게 느끼는가' 등을 알게 되는 자아발견의 원천으로 활용된다. 반드시 집-나무-사람의 순서로 그려야 한다. HTP는 모든 연령의 피험자가 즐겨 그리는 집, 나무, 사람의 세 가지 소재를 사용하였기 때문에 다른 과제에서보다 솔직하고 자유로운 내면세계 표현이 가능한 방법이다. 따라서 내담자의 저항을 적게 받고, 동일한 내담자의 그림을 시간 순서로 배열하면 질병의 경과도 알 수 있다. 이 기법은 한 장의 종이에 집, 나무, 사람을 모두 다 그리는 K-HTP 통합법도 사용하고 있다.

HTP에 운동성을 가미한 동적 집·나무·사람(KHTP: Kinetic House-Tree-Person)검사는 HTP를 전체적으로 보게 하여 더 많은 정보를 제공하기 때문에 보다 유용하게 활용되고 있다. K-HTP는 집·나무·사람을 각각 그렸을 때는 발견할 수 없는 역동성과 내담자의 보다 깊은 내면의 세계를 잘 드러낸다. HTP 검사는 한국판 표준화 검사가 개발되지 않아 일본과 미국 자료를 활용하여 분석한다.

인물화검사 (DAP: Draw A Person)

인물화를 통한 성격진단 검사는 다른 여러 투사검사보다 더 깊은 무의식의 심리를 표현하도록 해주어 내담자가 자신과 타인을 어떻게 지각하고 있는지 파악하는 데 도움이 된다. 또한 자유화에 비해 저항이 적고, 아동은 물론 성인에 이르기까지 사용 가능하며 널리 애용된다. 특히 인물화 분석은 HTP나 가족화의 기초가 되므로 깊이있는 이해가 필요하다. 인물화는 "한 명의 사람을 그려라."라는 지시 뒤에 "다른 성을 가진 사람을 그려라."라고 하여 전신의 남·녀에 대한 그림을 각각 받아낸다. 시간 제한은 없다. 예를 들어, 남성이 여성상을 먼저 그리면 자신의 성에 혼란이 있거나 이성 부모에 대한 의존성이나 집착이 있다고 해석한다. 눈동자가 생략되거나 팔이나 손이 감추어져 있으면 죄책감이 나타내고, 코나 입은 성(性)과 관련된다. 길이가 다른 다리와 발 그림은 자신의 충동과 자기통제 간의 갈등을 반영한다. 한국판 표준화 검사가 개발되지 않아 일본과 미국 자료를 활용하여 분석한다.

가족화

가족화는 가족그림을 통해 내담자의 심리상태나 가족의 역동성을 진단하는 방법이다. 가족화에는 가족화(DAF: Draw A Family)와 동적 가족화(KFD: Kinetic Family Drawing), 동그라미 중심 가족화 등이 있다. 가족화와 동적 가족화는 내담자에게 주는 지시가 다르며, 동적 가족화가 가족의 역동성 파악에 보다 효과적이다.

동적 가족화의 지시는 "가족 모두가 가정에서 무엇을 하고 있는 그림을 그리시오." 라고 지시하며, 그린 후에 각 인물상이 누구인지, 연령은 어떤지, 무엇을 하고 있는지 를 질문한다. 동적 가족화를 해석할 때는 인물상의 행위와 그림의 양식(구도, 포위 등), 상 징(책상 등), 그림의 역동성(크기, 거리, 방향, 생략 등) 등을 기준으로 한다. 동적 가족화를 통해 가족구성원 내의 역동성을 파악할 수 있고, 가족구성원에 대한 개인의 행동이나 투사 된 감정과 태도가 어떠한지를 알 수 있다. 최근에는 동그라미 중심 가족화(PSCD)를 통하 여 부, 모, 아동 간의 관계를 진단하는 방법도 개발되었다. 한편, 동물가족화도 내담자 의 가족관계나 심리를 진단하는 데 사용될 수 있다. 또한 가족체계진단법이라는 방법 은 가족 전체나 부부, 부모와 자녀들이 협동하여 그리는 방법으로 이를 통해 가족관계 를 진단할 수 있다.

학교생활화 (KSD: Kinetic School Drawing)

자신과 학교의 친구와 선생님을 포함해서 그리는 학교생활화는(KSD)는 아동의 학교 생활을 진단하는 데 사용된다. 동적가족화(KFD)와 합쳐서 동적 그림체계(KDS)라고 하며, 동적가족화(KFD)와 함께 받아보면 아동의 심리진단에 유용하다. 대부분의 아동은 학교 생활에 대한 그림을 그리도록 요구할 때 거부감을 덜 표현한다. 6~10세 아동의 경우에 는 놀고 싶은 친구, 하고 싶은 것 등을 그리도록 할 수 있다. 친구를 그린 친구화는 학 급집단 내의 아동의 사회적 위치나 역할, 적응 상태를 파악하는 데 사용된다.

풍경구성 (LMT; Landscape Montage Technique)

풍경구성법은 1969년 일본의 中井久夫(나카이) 교수에 의해 창안되었다. 이 풍경구 성법은 원래 정신분열증 환자를 주 대상으로 하여 모래상자 요법의 적용 가능성을 결 정하는 예비 검사로 고안되었다. 그러나 독자적인 가치가 인정되고 이론적으로 분석되 어 치료적으로도 많이 활용되고 있다. 1977년 제 10회 독일어권 표현병리, 표현요법 학 회에 발표된 후 독일, 미국, 인도네시아에서도 널리 시행되고 있고, 진단도구로서 뿐만 아니라 치료과정 속에 활용되어 많은 효과를 인정받고 있다.

도화지에 '강, 산, 밭(논), 길, 집, 나무, 사람, 꽃, 동물, 돌(바위), 그 위 추가하고 싶은 것'을 차례대로 그려 넣어 하나의 풍경을 구성하여 채색하도록 한다. 그런 다음 자기가 그린 그림에 대해 계절, 시각, 강의 흐르는 방향, 사람과 집, 밭(논) 등의 관계에 대해 이야기를 하도록 한다. 풍경구성법은 치료 가능성을 평가하고 문제점을 추측하거나 관찰하는 데 유용한 방법이다.

협동화법

가족이나 내담자 집단이 소집단을 이루어 한 장의 종이에 협동해서 그림을 그리는 방법이다. 집단체계에 대한 진단과 치료에 유용한 방법으로, 집단치료의 장점을 함께 활용할 때, 보다 효과적이다. 진단 시에는 자발성 정도, 경험의 표출, 협동성, 그리는 위치와 내용, 그림 순서, 주의력 등을 관찰하게 되며, 치료 시에는 협동성, 커뮤니케이션 기능, 자발성, EQ, 사회성, 집단 이해, 인간관계 등을 높이는 데 활용할 수 있는 좋은 방법이다.

난화게임법 (SDG)

내담자의 심리평가에 사용되는 방법으로 심리치료나 언어치료에도 응용된다. 이 방법은 내담자에게 난화를 제시한 후 그림을 완성하게 하여 "이게 뭐야?", "무엇을 하고 있니?" 등으로 질문을 하여 이야기를 꾸며 나가게 한다.

이 밖에도 빗속의 사람(PITR), 별과 파도 검사(SWT), 발테그 검사(Wartegg Test), 계란화, 동굴화 등의 검사방법이 있다.

치료도구로서의 미술치료

미술작업을 통해 심리 상담이나 치료를 하는 것을 미술치료적 행위라고 한다. 치료도구로 미술을 활용할 때에는 대상에 따라 다양한 기법이 적용된다. 특히 어떤 내담자를 대상으로 어떤 시기에, 어떤 기법을 사용하여 심리치료를 할 것인지를 판단하기 위해 내담자의 흥미, 관심, 태도, 특성 등을 잘 파악하여 활용해야 한다. 다음과 같은 기법이 치료도구로서의 미술로 사용된다(이시용, 정환금, 허승희, 허종관, 2000).

테두리법

내담자가 보고 있을 때 도화지에 테두리를 그어서 내담자에게 건네주는 방법이다. 용지에 테두리를 그려 줌으로써 조형 활동을 자극할 수 있을 뿐만 아니라 공포를 줄일 수 있어 자아가 허약한 내담자에게 사용할 때 유용하다. 단, 테두리를 그릴 때에는 자를 사용하지 않도록 주의한다. 원을 그려 주고 원 안에 그림을 그리도록 하거나 채색하게 하는 방법은 과잉행동, 주의산만 등을 통제하는 데 유용하며, 심리적 지지도 제공할 수 있다.

출발그림 (Starter Sheet)

출발그림은 그림 그리기에 저항감을 표현하거나 공포나 수줍음을 느끼는 내담자에게 그림 그리기를 자극하고 촉진하는 유용한 방법이다. 장애내담자나 정신질환자에게 모두 활용할 수 있는 방법이다. 치료자가 종이에 직접 잡지에서 오린 얼굴 사진을 붙여 주거나 그림을 그려 준 후 내담자가 나머지 부분을 완성한다. 처음 미술치료를 시작할 때 사용할 수 있는 기법이다.

난화이야기법

난화이야기법은 난화법과 이야기법을 종합하여 응용한 방법이다. 치료사와 내담자가 서로 교환하며 이야기를 만들어 나가는 방법으로, 심상을 형성하는 것이 중요하다. 최근에는 난화와 콜라주를 합쳐 표현이 부족한 내담자에게 널리 사용하고 있다. 다만, 이 방법은 중증 장애아동보다 경증 장애아동에게 좋은 방법이다.

콜라주기법

콜라주기법은 최근 가장 많이 사용되는 미술치료기법으로, 미술과정에 대한 부담감을 없애주면서 동시에 미술과정에 몰입하도록 해준다. 잡지 속에서 마음에 드는 사진을 오려 붙이는 방법으로, 거부감이 감소되고 분노가 노출되며 희망에 대한 상징을 표현하는 등으로 다양하게 활용된다. 표현이 쉽고 그리는 것보다 정확하게 감정이 전달

된다. 자기감정 나타내기, 가족이나 친구에게 말하고 싶은 것, 주고받고 싶은 선물, 타인에 대한 감정표현, 문제의 예방 및 대처방법 등의 주제가 쉽게 표현될 수 있다. 다만 콜라주기법이 쉽고 정확한 감정 전달의 방법이 되려면 내담자가 선택할 수 있는 사진 매체가 다양하고 많아야 한다.

역할 교환법

내담자와 치료사가 서로 번갈아 가며 채색을 하거나 그림을 그리거나 콜라주, 난화 등을 완성해 나가는 방법이다. 한 장의 종이에 적당히 선을 그어 교대로 색칠해 나가는 화면분할법과 동시에 사용되기도 한다. 이 방법은 라포를 형성하거나 거부감을 감소시키고 흥미를 유발하는 데 효과적이다.

색채선택법

내담자가 좋아하는 색을 선택하여 그림을 그리도록 하는 방법이다. 이 방법을 가족체계진단법에 활용하면 내담자에게 자유를 부여할 수 있다. 이처럼 내담자에게 자유를 부여하는 데에는 내담자의 책임의식을 강화하고자 하는 원리가 포함되어 있다.

갈겨 그리기법

내담자가 사인펜으로 선을 직접 갈겨 그리는 방법으로, "어떻게 보여요?", "어디가 어떻게 되어 있어요?"에 대해 이야기하게 한 후 채색을 하도록 한다. 내담자와 치료사가 갈겨 그리기를 하면 서로의 관계가 더욱 친밀해진다.

그림완성법

소정의 용기에 기호가 그려져 있는 9개의 정사각형을 제세하고 그 기호를 사용하여 그림을 완성하는 방법이다. 해석하는 내용은 그린 순서와 무엇을 그렸는가에 대해서다. 이 방법은 미술치료 과정중이나 초기에 사용할 수 있으며, 내담자나 성인, 정상적인 사람이나 정신질환자 등 모두에게 적용할 수 있는 방법이다. 이 방법을 통해 내담자의 거부감이나 저항심, 공포심을 제거할 수 있다.

자아감각 발달법

자아감각 발달법은 신체적 자기이미지나 자아개념이 부정적인 장애인을 대상으로 자아개념을 높이기 위해 사용하는 방법이다. 구체적으로 출발그림이나 묘화완성법, 손도장과 발도장 찍기, 조소활동, 동그라미 기법, 씨앗으로 얼굴 만들기, 가면 만들기, 석고 본뜨기, 신체 본뜨기(실물크기), 인체퍼즐 게임, 거울보고 자기 그리기, 손 본뜨기 등의 자아와 관련 있는 미술활동을 할 수 있다. 특히, 섭식장애인에게 효과적이다.

감정 차트 만들기

도화지에 몇 개의 칸을 구분하거나 칸 없이 한 장의 종이에 최근의 감정을 그리거나 색종이로 나타내는 방법이다. 스펙트럼의 띠 형태로 표현할 수 있다. 감정을 표현한 다음에는 모든 인간에게 불편한 감정이 있음을 확인하도록 한다.

만다라 그리기

크레용, 크레파스 등을 이용하거나 색종이를 사용하여 만다라를 그리도록 한다. 이 방법에 색채를 사용하면 더욱 효과적이며, 내담자의 기억이나 감정을 통합하는 데 유용한 방법이다. 자유연상을 통해 자유롭게 그려도 되며, 그리고 난 후의 심상을 시로 나타낼 수도 있다.

집단 만다라 벽화 그리기법

만다라를 벽화로 협동화를 그리는 방법으로, 집단 속에서의 자신과 집단을 이해하는 데 도움이 되며 협동심을 기르는 데에도 유용하다. 소집단이 책상 위에서 그리는 것보다 벽화의 방식으로 공동 제작하면 거부감이 적고 편안하여 역동성이 더 잘 드러난다.

핑거페인팅 (Finger Painting)

핑거페인팅은 미술치료 초기나 말기에 정서를 안정시키고 저항을 감소시키며 심리를 이완시키는 효과를 목표로 사용한다. 또한 작업을 촉진시키거나 스트레스를 해소하는 데에도 큰 도움을 준다. 핑거페인팅의 결과물은 작품으로 제시해도 좋고 크리스마스카드 등으로 제작하는 데에 활용해도 좋다.

조소활용법

점토로 인물상을 만들거나 자신의 감정을 표현하게 한 후 해석하는 방법이다. 과도하게 언어에 의존하는 내담자에게 감각적 요소를 강조할 때 사용할 수 있고, 반면에 언어화가 결핍된 내담자에게는 수채물감과 같은 묽은 점토를 사용하면 유용하다. 특히 대상관계가 부족한 아동의 치료에 유용하다.

CHAPTER 03

미술치료사 자질과 역할

미술치료사 자질

내담자나 환자를 만나는 치료사는 '그 누구에게 해를 끼치지 말아야 한다(Do no harm)'는 정체성을 지녀야 한다. 전문가는 각 영역에 자질과 역할을 갖추어야 한다. 미술치료사의 자질과 역할은 미술치료에서 매우 중요하다. 미술치료사가 갖추어야할 전문적인 지식과 자질은 다음과 같다.

첫째, 미술치료사는 미술매체와 과정 및 미술의 특성과 잠재성에 대해 알아야 한다. 둘째, 미술치료사는 발달과 정신역동성에 대해 알아야 하며, 대인관계에서 나타나는 치료사 자신의 개인적 특성뿐만 아니라 타인과의 관계적 특성에 대해서도 알아야 한다. 셋째, 미술치료사는 타인을 변화시키기 위해 치료적 관계 및 기제의 특성에 대해 알아야 한다. 넷째, 아동을 대상으로 하는 미술치료사는 아동의 성장과 치료과정에 대한 신뢰와 일관성 있는 치료관계를 통해 아동에게 안정성을 부여할 수 있어야 한다. 또한 아동과 비언어적인 의사소통을 할 수 있는 창조적이고 전문적인 치료사이어야 하며, 내담자의 미술작품뿐만 아니라 작업환경, 가족관계 등을 이해해야 한다. 내담자에게 칭찬이나 격려, 지지, 통제를 할 때에는 적절한 시기에 신중하게 해야 하며, 내담자에 대한 존중감을 지녀야 한다.

미술치료에 있어서는 치료사가 내담자의 미술작품 속의 상징성을 잘 드러나게 하며 그 상징성을 잘 파악하는 것은 무엇보다도 중요하다. 이는 내담자의 갈등을 이해하고 스스로 통찰하게 하여 문제를 해결하도록 도와주는 근거가 된다. 이러한 상징성을 잘 드러내기 위해서는 치료사가 다음과 같은 기본태도를 갖추어야 한다. 치료의 시작에 있어서 치료사와 내담자의 친화관계 형성은 무엇보다도 중요하다. 친화관계를 형성해 나가는 과정에 있어서도 내담자가 단순히 지시하고 과제를 제시하는 것과 느낌을 받지 않도록 유의해야 한다. 미술작업을 통한 상호작용이 이루어질 수 있도록 유의해야한다.

내담자가 치료사와 함께 공유하고 함께 상호작용이 이루어질 수 있도록 느낌으로써 편안하게 작업에 몰두하게 되면 내담자는 마음의 문을 열게 된다. 또한 내담자의 미술활동 사이 사이 내담자의 부분에 치우치지 말고 전체를 파악하도록 노력하며 어떤 행동과 반응에도 즉시 크게 피드백해 줄 수 있어야 한다. 단, 치료사는 내담자의 당황스러운 행동, 예를들어, '놀람'과 같은 행동에 대한 반응이 자연스러워야 한다.

미술치료사 역할

미술치료사는 미술 재료를 갖고 놀 수 있는 자이며 동시에 내담자가 흥미를 갖고 미술 놀이를 할 수 있도록 돕는 자다. 흥미가 없는 미술 활동은 그야말로 노동과 같기 때문이다. 미술치료사의 역할은 내담자의 성향이나 치료 목표, 치료 기간에 따라 다르지만 크게 정서적 지지자와 기술적 보조자의 역할로 나누어 볼 수 있다. 정서적 지지자란 내담자의 마음의 흐름에 치료자가 맞추어 나가는 것을 뜻한다. 즉, 작품의 내용을 수용하면서 내담자의 마음을 느껴야 하는 것이다. 이와 같이 내담자의 감정을 같이 느껴 주는 것이 바로 '공감'이다. '수용'은 내담자의 감정이나 행동을 받아 주는 것을 말하는데, 만약 그림을 통해서 한다면 시각적 표현을 언어적 표현으로 바꾸어 주는 것도 한 방법이다.

예를 들어, 아동이 꽃을 빨강색으로 칠하면 "꽃이 빨갛구나.", 집을 크게 그리면 "집을 크게 그렸네." 정도면 된다. 이것을 칭찬과 혼동할 수 있는데, "정말 잘 그렸다." 등의 칭찬은 자칫 결과를 중요하게 만들 수 있다. 그러면 그 아동은 결과에 더 관심을 가지고 새로운 것을 시도하기보다 칭찬받았던 표현에서 벗어나지 못할 수도 있다.

공감과 수용의 태도는 내담자로 하여금 자신이 어떤 표현을 해도 치료자가 관심을 가지고 받아 주리라는 확신을 갖게 한다. 이러한 확신은 편안한 마음으로 새로운 표현을 시도할 수 있게 도와줄 수 있다. 다시 말하면, 정서적 지지자로서의 미술치료사는 내담자에게 실제 생활에서도 새로운 시도를 해 볼 수 있는 힘을 주게 된다는 말이다.

그러나 미술치료사는 기술적 보조자로서의 또 다른 역할이 필요하다. 기술적 보조자는 내담자가 미술재료를 사용할 때 기술적으로 좌절하지 않도록 도와주는 역할이다. 이때 치료자는 내담자가 기술적으로 능력이 부족한 상황인지, 아니면 치료자에게 습관적으로 의존하는 상태인지를 잘 관찰해야 한다. 후자의 경우라면 내담자가 스스로 할 수 있도록 기회를 주어야겠지만 전자의 상황이라면 "네가 원하면 ○○하는 방법을 알려줄 수 있어!"하는 치료자의 수동적인 태도가 필요하다. 아동에게 도움을 거부할 기회를 주기 위해서다(최재영, 김진연, 2000).

어떠한 경우라도 치료자는 내담자가 거부하면 기다려 주는 자세를 가져야 한다. 이같이 치료자는 의도적으로 내담자가 스스로 선택하고 표현할 수 있게끔 해야 하는데, 특히 부모의 간섭이 심한 내담자는 거짓 자아(예를 들어 남에게 맞추어 주는 자아)가 발달되었기 때문에 더욱 그러하다.

그러면 미술치료사가 갖추어야 할 필수 요소는 무엇일까?

첫째, 내담자의 작품이 내담자에게 무슨 의미가 있으며 현재의 심리적 문제와 무슨 관계가 있는지 해석 내지 진단할 수 있는 객관적 지식이 있어야 한다. 이러한 지식은 치료자의 분별력·판단력·진단력을 이루는 데 바탕이 된다.

둘째, 도움이 되는 치료 방향으로 이끌어 갈 수 있는 능력이 있어야 한다. 예를 들면 내담자 성향에 맞는 재료를 목표에 따라 반복 또는 변화가 있게 제시하는 능력이다. 이것은 치료자가 중심이 되어 이끌어 간다기보다는 내담자 스스로 그 시간을 주도해 갈 수 있도록 돕는다는 의미다.

또 치료자가 제시하는 자율과 통제의 능력을 예로 들 수 있는 능력이 있어야 한다. 좋아하는 재료를 사용하되 한계점을 조절하는 일 등이 이에 해당된다. 이로써 내담자들은 탄력 있는 자유를 배우게 된다.

셋째, 미술치료사 자신의 성장을 위한 분석 및 수양이 필요하다. 이는 치료자가 자신의 마음의 거울을 닦는 노력을 뜻한다. 거울이 깨끗하지 못하면 내담자의 마음을 정확하게 비출 수 없기 때문이다. 이러한 치료자는 자신의 문제가 계속 내담자에게 겹쳐 보여, 효과적인 치료를 할 수 없게 된다. 이와 같이 미술치료는 치료자의 주도로 이끌어 가는 것이 아니라 내담자의 주도성을 잘 살려 주는 것이라는 점은 매우 중요하다. 이를 테면 치료자의 본성대로 이끌어 가는 것이 아니라 내담자의 본성을 잘 살려 주는 것이다. 그래서 치료자는 자신의 스타일을 강요할 수 없다. 내담자가 미술 전문가가 되기보다 미술을 즐기는 내담자가 되도록 하는 것이 치료자의 역할이다.

CHAPTER 04

미술치료의 프로그램 진행 절차

미술치료는 먼저 내담자를 진단(평가)하고 치료 목표를 세워서 치료 시간을 갖게 되는 것으로 이루어진다. 미술치료는 대략 도입·활동·토론의 순서대로 진행되는데, 도입 부분에서는 서로 친밀해져 가면서 편안한 분위기가 조성되도록 한다. 여기에서는 추장 이완을 위해 호흡법이나 음악을 사용하기도 한다. 전반적 설명이나 규칙에 대한 오리엔테이션도 이때 이루어져야 할 일 중의 하나다.

미술치료 시에 미술치료사를 포함한 미술치료실 환경과 시간구성, 미술매체가 적절하게 작용하여야 치료의 효과를 거둘 수 있다. 이를 바탕으로 특히 미술치료 시에 요구되는 조건을 구체적으로 제시해 보면 다음과 같다(한국미술치료학회 1994).

미술매체 및 도구

미술매체에는 그리고, 칠하고, 모형을 만들고, 조립하는 것 등 많은 종류가 있다. 내담자는 최소한 이들 모두를 조금씩 사용할 수 있어야 하며, 그것들을 성공적으로 사용할 수 있는 도구나 바탕매체가 필요하다. 특히 독특한 표현을 최대한으로 허용하는 비구조적 매체일수록 좋다. 만일 성인이 미술매체를 충분히 배려해 준다면 미술매체들은 가장 쓸모 있는 것이 될 수 있을 뿐 아니라 아동은 그것을 소중이 다루는 법을 배우게 된다. 그러나 특히 성인의 경우에는 초기에 너무 많은 매체를 소개하면 질려하는 경우가 있으므로 주의해야 한다.

미술치료에 있어서 미술재료의 역할은 매우 크며 아동의 미술치료에 있어서 재료는 더욱 중요시 된다. 아동은 끊임없이 새로운 작품을 표현해 내어 사물의 본질로 차츰 접해 나가는데, 이는 매체의 지각과 그 처리 특성에서 기인함을 알 수 있다. 찰흙으로 재현된 나무가 연필 드로잉으로 재현된 나무보다 더 다양한 다른 표정을 지니고 있는 이유는 매체와 그의 사용에 있는 것이다. 각각의 매체는 그 고유성과 공통성을 동시에 지니고 있어 대상을 표현하는 재료뿐만 아니라 그 자체의 물성을 그대로 나타내 주고 있다. 이러한 물성의 탐구는 미술의 역사에서 재료의 혁명으로 불리는 오브제(object)의 등장이며, 이는 기성품이나 폐품으로까지 확대한 표현양식을 보였다. 그 후 오브제 콜라주를 자주 사용한 초현실주의는 인간의 무의식의 심연을 작품 속에서 보여주었다.

미술을 통한 전달력은 이용 가능한 매체에서 뿐만 아니라 그 표현기법에 의해서도 모양이 갖추어진다. 내담자가 어떤 재료를 선택하고 선호하는가에 대한 문제는 미술치료를 하는 데 있어 중요한 단서가 된다. 미술치료사가 미술활동을 적용하고 이해하려면 매체의 특성과 사용법, 매체의 장·단점 등 풍부한 지식과 경험이 필요한 이유가 여기에 있다. 미술치료사는 다양한 미술매체들을 심리치료에 적용하며, 이러한 미술재료는 치료시간, 공간, 내담자의 성향 등에 따라 융통성 있게 적용된다. 특히 미술치료사는 내담자가 작품이 완성되지 못하였을 때 느껴지는 미해결된 느낌이 없도록 주어진 시간에 완성될 수 있는 재료를 선별하여 제공하여야 하는 것을 잊지 말아야 한다.

일반적으로 미술치료사는 구조화된 매체보다는 덜 구조화된 매체를 그리고 복잡한 매체보다는 단순한 매체를 선호하는 경향이 있다고 알려져 있다. 그 이유는 단순하고 덜 구조화된 매체일수록 내담자의 심리적 투사에 용이하며 내담자의 감각을 자극시키기 때문이며, 복잡한 매체보다는 스스로 작품을 완성할 수 있는 가능성을 더 높게 해주는 점과 그들이 작품 활동을 하면서 자신과 성취감을 느낄 수 있게 해주는 것을 치료사가 유도해야 되기 때문이라는 이유를 들고 있다.

환경

미술치료실의 크기와 공간을 포함한 치료실 환경의 설정은 미술치료에 있어서 매우 중요하며, 치료실 크기는 규정하는 데 어려움이 있으나 개인미술치료, 집단미술치료, 가족미술치료 등 미술치료의 유형별 접근에 따라 달라질 수 있다. 이러한 점을 고려한 적당히 넓은 공간, 충분한 채광, 미술매체와 도구 등을 갖추면 된다. 물론 조용하고 비밀을 유지할 수 있는 공간이 바람직하다. 내담자의 상태에 따라 집을 방문해서 실시할 수 있고, 내담자가 편안하다고 느끼는 공간이면 가능하다.

미술치료실은 안정적이고 자신의 감정을 자유롭게 표현할 수 있는 공간이어야 한다. 그래서 적당한 공간과 충분한 채광, 다양한 미술 도구가 준비되어야 한다. 미술 활동은 책상뿐만 아니라 바닥이나 벽에서도 할 수 있기 때문에, 바닥과 벽은 청소하기 쉬워야 하며 물은 쉽게 사용할 수 있어야 할 것이다. 교구장은 내용물이 보일 수 있는 것으로 준비해 내담자가 스스로 재료를 선택하게끔 해야 한다. 하지만 산만한 아동이나 발달이 늦은 아동에게 모든 재료를 다 보여 줄 필요는 없다. 그래서 자바라 등을 이용해 불필요한 부분을 때에 따라 가릴 수 있으면 더욱 좋다. 또한 작품을 보관할 수 있는 시설이 필요한데, 전시판과 전시대도 갖추어져 있어야 한다. 전시장이 마련되어 전시회로 활용할 수 있어도 좋겠다. 이는 내담자의 작품을 잘 보관하는 것이 내담자에 대한 존중감을 표현하는 것이며 초기부터의 변화과정을 쉽게 알 수 있기 때문이다.

미술치료실은 내담자에게 특별한 공간이어야 한다. 그곳은 자유로운 치유적 공간으로서, 다른 장소와 환경에서는 행해지지 않은 일들을 편안하게 표현할 수 있는 가능한 안전하고 편안한 공간이어야 한다. 기본적 표현매체와 설비가 일관성이 있고 예측할 수 있는 장소에 보관되어있으며 깨끗이 정돈되고 조직화되어 있다면 내담자는 그것을 아주 쉽게 선택할 것이다. 만약 내담자가 독립적으로 사용할 수 있는 공간이라면 지나친 간섭은 불필요할 것이다. 내담자가 그림을 그릴 때는 적절만 조명과 적당한 온도, 쾌적한 환경이 갖춰져야 한다. 미술매체들이 정돈되어 지정된 선반 위에 놓여 있어야 하는데, 이것은 안정감을 갖게 하는 요소다. 작품 완성 후 작품을 감상할 수 있도록 이젤이나 게시판 등을 준비하는 것도 필요하다.

치료시간의 구성

미술치료의 구성은 치료목표나 대상, 방법에 따라서 다양하게 결정된다. 치료의 기간과 빈도, 사용될 매체, 활동내용, 치료 종료 등이 시간계획에 포함된다. 내담자의 상태나 상황에 따라 달라질 수 있으나 대체로 주 1, 2회 정도의 미술치료가 이루어진다. 첫 상담에서는 언어에 의한 접촉을 하며, 치료비, 시간계획, 도구의 선택, 그림의 주제 선정 등 다양한 내용들이 다루어진다. 그림검사 등은 가능한 내담자와 치료사가 라포가 형성된 뒤에 실시하는 것이 효과적이다.

통상적으로는 주 1~2회 정도 실시하며, 성인의 경우는 60분에서 90분 정도이고 아동의 경우는 30분에서 60분 정도로 실시된다. 그러나 시간은 내담자의 집중력이나 성향, 그날의 상황에 따라서 조절될 수 있다. 또한 성격적으로 경직되고 강박적인 내담자의 경우는 특별히 시간제한을 두지 않고 작품의 완성시간을 기준으로 할 수도 있다. 이들의 경우, 시간에 대한 강박적 생각이 미술활동에 방해가 될 수 있기 때문이다. 충동적이고 무절제한 내담자의 경우는 시간제한을 철저히 지키기도 한다.

치료시간에는 제한시간을 두어야 할 개인이나 집단이 있을 수 있고, 반대의 입장도 있을 수 있다. 예를 들면 1시간 동안 가만히 있다가 끝날 무렵 자신의 내면을 표출하는 아동의 경우에는 치료 초기에는 시간에 여유를 두고 진행하는 것이 바람직하다. 치료자는 치료 장면에서 시간이 종결되기 전 미리 "앞으로 10분 정도 남았으니까 우리 지금부터 마무리하자." 식의 이야기를 해 둘 필요가 있다. 이러한 언급은 내담자들로 하여금 시간을 조절해 갈 수 있는 능력을 제공하고, 당황하거나 불안하지 않도록 도와주는 작용을 한다.

미술에 있어서 시간은 흥미를 유지하고 치료과정에 개입하는 데 충분한 정도의 긴 시간을 의미한다. 만약 동일한 기본적 매체들이 대부분의 시간에 이용된다면 그들은 친숙해질 것이다. 단지 그때 아동이 매체들을 사용할 충분한 기회를 가진다면, 그들은 진실로 숙달되고 또한 능력을 향상시킬 수 있다.

내담자는 얼마나 많은 시간을 이용할 수 있는지 알고, 끝내야 할 시점에서 내담자에게 경고를 해 줌으로써 도움을 줄 수 있다. 끝낸다는 것은 가끔 아동에게는 어렵고,

우리는 그런 일들에 적응할 방법을 제공해야만 한다. 또한 시설이나 복지관, 방문치료로 미술치료를 할 때에는 시간이 한정되어 있는 경우가 많다. 이러한 경우에는 적절한 매체의 선정이 중요하며, 구조적 프로그램에 의하여 시간에 맞추어 실시하는 것이 중요하다.

미술치료의 구성은 내담자가 주제와 재료를 자유롭게 선택하는 비지시적 방법과 치료자가 주제와 재료를 제공하는 지시적 방법이 있다. 이 방법들은 집단의 크기, 치료 기간, 내담자의 성향, 치료의 진행단계 등에 따라 다르게 적용되는데, 대체로 치료 기간이 장기적이고 내담자의 자아능력이 신뢰성이 있을 때 비지시적 방법이 적합하다.

반면 지시적 방법은 치료 기간이 단기적이거나 내담자의 자아능력이 미성숙할 때, 또 치료 초기에 시작의 어려움이 있거나 미술에 대한 고정 관념(훌륭한 미술결과물에 대한 집착)이 강할 때 매우 유용하다. 그러나 지시적 방법은 내담자 수준에 적합하지 않은 프로그램 선택에 대한 치료자의 책임이 무겁다.

이것은 발달 수준의 경우뿐 아니라 내담자의 현 심리적 단계에 맞지 않은 프로그램의 경우를 말한다. 일반적으로 미술치료에서는 어느 한 가지 방법만으로 구성하기보다 지시적 방법과 비지시적 방법을 함께 구성하는 경우가 많다.

다음의 활동 부분에선 알맞은 재료의 선택이 중요한데, 시간이나 아동의 성향에 따라 다르게 적용될 수 있다. 주어진 시간에 완성할 수 있는 재료가 제공되어야 성취감을 느끼게 된다. 또 아동의 성격이 경직되었다면 이완을 촉진할 수 있는 물감, 핑거페인팅, 물기가 많은 점토가 효과적이고, 충동적이고 공격적인 아동이라면 행동의 통제가 용이한 색연필, 사인펜 같은 딱딱한 재료가 좋다.

이것은 내담자의 성격과 반대되는 재료를 제공하여 그의 내면세계에 억압되어진 부분을 재통합하는 기회를 주기 때문이다. 그리고 한 가지 재료에만 너무 고착되어 있는 아동에겐 좋아하는 재료부터 시작하여 조금씩 첨가되고 확산되어 갈 수 있도록 하는 것이 바람직하다. 또한, 자아 기능이 미성숙한 경우에는 동시에 너무 많은 재료를 제공하여 혼란을 초래하지 않도록 해야 한다. 다양한 재료를 사용하고 미술활동을 하는 것이 좋을 것이라는 치료자의 욕심은 아동에게 도움이 되지 않는 경우가 있다.

활동 부분에서는 치료자가 주의해야 할 일은 너무 많은 질문을 하여 내담자가 미술 활동 자체에 몰두하는 것을 방해하지 않도록 하는 일이다. 미술 활동은 무의식과 의식을 오가면서 자연스럽게 이루어지는 것이기 때문에, 잦은 질문이나 치료자의 개입은 그 흐름을 끊을 수 있다.

토론 부분은 내담자와의 대화를 말하는 것인데, 아동이 느낌을 표현할 수 있는 시간이다. 기분이나 마음 상태를 말로 표현할 수 있는 것이 이때 이루어지게 되고, 작품 내용을 매개체로 은유적인 대화가 되기도 한다. 아동에게 직접적으로 자신이 마음을 표현해 보라고 요구하는 것은 어렵지만 아동이 자신의 그림을 이야기하는 것은 훨씬 쉽고 편안하게 할 수 있기 때문이다. 대체로 이 시간에 이루어지는 토론 내용은 다음과 같다.

첫째, 작품을 시작할 때와 만들 때 그리고 끝날 때의 느낌은 어떠한가?

둘째, 어떤 부분이 마음에 드는가, 어떤 이유인가?(내담자의 자아 존중감을 높이고 긍정적인 부분과 태도를 연결시켜 볼 수 있다)

셋째, 마음에 안 드는 부분이 있는가? 수정해 본다면 어떻게 수정하겠는가?(만족 못하는 부분을 언어적으로라도 정리하여 그 실패감을 어느 정도 정리시킬 수 있고, 실제 생활과도 연관되어 심각해 볼 수도 있다)

넷째, 그림 요소 간에 상관관계는 어떠한가?(내담자의 내면세계의 통찰을 도울 수 있고, 집단 미술치료에서는 집단원 간의 상호 관계를 생각할 수도 있다)

다섯째, 그림에 나타난 소재나 상의 느낌이 어떠한가?(예를 들어, 아동이 사자를 그렸다면 그 사자의 성격이나 말, 느낌에 대해 이야기하는 방법도 있다)

이 시간은 아동 스스로 자신의 작품을 다시 살펴보면서 자신을 느끼는 시간이 되며, 치료자가 작품 안에서 아동에 대한 더 많은 정보와 느낌을 얻는 시간이 된다. 미술은 언어보다 검열이 적기 때문에 갈등을 표면화시키지 않고도 은유적으로 대화를 할 수 있다. 그래서 자기표현에 대한 위협을 느끼지 않고 안정적으로 대화를 할 수 있도록 도울 수 있다. 또한 방어가 너무 심한 아동이나 자아가 약한 아동은 지나친 평가나 진단이 부담이 될 수 있으므로 주의해야 한다. 이것은 아동의 자유로운 표현을 방해한다.

미술치료의 도입 및 실시

미술치료는 유·아동에서부터 청소년, 성인, 노인에게까지 그 대상 연령층이 넓다는 점이 우선 큰 장점이기도 하지만, 치료를 진행하는 측면에서는 다소 부담스러울 수 있다. 그 중에서도 다양한 문제행동, 특히 의자에 잠시도 앉아 있지 못하고 돌아다니는 과잉행동, 충동성, 공격성을 수반한 아동의 경우에는 더욱 부담스럽다. 또한 타인의 말을 들은 척도 않고 혼자 떠드는 아동, 이와는 반대로 함묵증 아동, 무기력한 아동, 위축하는 아동의 경우에는 어떻게 관계를 해야 할지 조심스럽다.

미술치료가 아무리 훌륭한 심리치료라고 하더라도 내담자와 상호작용이 되어야 하며 내담자에게 적절한 미술치료체제를 통하지 않으면 전혀 효과를 내지 못한다.

정확한 진단평가 실시

미술치료를 실시하기 위해 내담자 및 부모를 대상으로 한 초기 면접, 객관적 검사, 내담자의 행동관찰 등을 통하여 정확한 진단 및 평가가 이루어져야 한다.

내담자에 관련된 내용은 치료 목적 외에는 사용하지 않을 것이라는 점에 대하여 보호자와 대상자에게 알리고 치료 목적과 방법, 상담 내용의 녹취, 작품 및 정보사용 동의서, 프로그램 안내, 이용 동의서를 제시하고 동의 과정을 거친다.

초기 면접

내담자에 대한 정확한 진단평가의 하나로 내담자 정보를 수집해야 한다. 성인이나 언어표현이 가능한 청소년의 경우에는 직접면접이 가능하나, 전혀 언어표현을 하지 않는 내담자나 언어 표현이 곤란한 아동의 경우에는 부모 또는 그 아동에게 책임이 있는 사람이 전문기관을 방문하여 조언을 받거나 지도를 받게 된다. 이때 전문가와 부모 사이에 처음으로 관계가 형성된다. 즉, 상담하는 사람은 직접 방문, 전화 등의 방법으로 상담예약을 한 뒤 정해진 날짜에 상담을 받게 된다. 이 최초의 정식 상담을 초기 면접이라고 한다. 이 초기 면접 시에 아동의 문제는 주로 부모나 양육자를 통해서 아동의 발달 상태나 문제를 평가하게 된다.

① 개인정보

이 영역은 아동의 이름, 생년월일, 별명, 주소, 전화번호, 유치원(학교), 학년, 부모의 이름, 부모 직업, 부모 교육수준 등을 포함한다.

② 주호소문제

의뢰 이유나 방문 목적은 의뢰자나 보호자가 문제(Problem)라고 지각한 것을 드러낸다는 점에서 중요하다. 실제적으로 그 내담자의 환경에 대한 한 측면만이 문제 상황으로 보여지기 쉽다. 그러므로 의뢰 이유가 평가결과와는 관련이 없다 하더라도 보고서에 직접 기재해야 한다.

③ 생육사(발달과정)

가능한 한 아동을 잘 이해하기 위해서는 아동 초기부터 기본적이고 실제적인 정보를 얻어야한다. 생육사는 임신부터 시작하여 폭넓은 영역을 포함하여 평가과정의 필수적인 부분이다.

행동관찰

정보를 수집하는 과정에서 치료사가 부모와의 면접, 객관적인 평가 이외에 그 아동을 직접 접촉함으로써, 보다 객관적이고 명확하게 문제를 파악하는 데 유용한 자료를 얻을 수 있다. 또한 아동이 행동할 때, 놀 때, 타인과 상호작용할 때 및 홀로 있을 때 특수행동을 관찰하는 기회는 평가의 검사결과와 전달과정에서 서로 관련시키는 데 도움을 준다. 관찰은 여러 장면에서 일어날 수 있으며 직접적이거나 간접적일 수 있다.

① 직접관찰

치료사가 실시하는 가장 직접적인 관찰은 면접과 실제 검사 시 일어난다. 내담자는 구조화된 형식 혹은 비구조화된 형식으로 반응할 수 있다. 그런 반응과 행동을 관찰함으로써 아동의 현 기능을 잘 통합할 수 있다. 특히 외모, 특징, 걸음걸이, 자세, 버릇, 목소리, 단어 사용 등 기타 영역에 주목해야 한다.

② 간접관찰

대부분의 경우에 치료사가 면접과 검사상황 이외에 직접 관찰할 수가 없다. 따라서 교사, 타전문가, 부모, 행정가 등에 의해 관찰이 이루어질 수 있다. 이러한 관찰은 체계적 관찰계획에 따라 잘 수행될 수 있다. 이러한 관찰계획은 외모와 감각양상, 외현행동, 환경과의 상호 작용으로 구분된다.

객관적 검사 실시

심리 및 교육검사는 본질적으로 개인의 행동표집을 객관적이고 표준화된 방식으로 측정함으로써 개인 및 개인 내 차이를 파악하는 데 이용된다. 달리 말하면 심리 및 교육검사를 통해 개인의 다양한 심리적 속성(예: 지능, 지각, 발달, 적성, 성격, 학업성취도 등)을 측정하여 진단, 분류, 치료, 예후 등에 유용한 정보를 얻을 수 있다. 그러나 한 가지 검사만으로는 폭넓은 행동양상과 아동의 강점과 약점을 분명하게 파악할 수 없으며, 내담자의 기능과 모든 측면을 정확하게 반영하는 질문을 유도할 수도 없다. 따라서 심리 및 교육검사는 여러 유형의 검사들을 종합적으로 실시하여야만 한다. 치료사는 내담자의 나이, 수준, 장애 유형에 따라 어떤 검사들을 사용할 것인가를 신중하게 결정해야 하며, 그 검사들에 대한 실시 및 채점, 해석 기술 등 전문적인 지식을 가지고 있어야 한다.

행동분석

효율적인 미술치료를 위하여 내담자의 갈등 및 문제행동에 대하여 다음과 같은 행동분석 절차를 통하여 명확히 한다.

첫째, 면담 시에 어떤 증상이 있는지를 환경요인과 함께 분석한다.

둘째, 그 다음 증상이 언제부터 발생되었는지 증상 발생기를 분석한다.

셋째, 증상이 지속되고 변화되는 데 어떤 요인이 작용하는지를 분석한다.

넷째, 문제행동 및 증상을 선택한 원인을 분석하며 아동 개인차를 고려한다.

02

아동미술과
아동미술치료

Art Therapy Program for Children with Trauma

CHAPTER 01

아동미술의 이해

인지발달과 아동미술

아동에게 미술활동은 다양하고 새로운 직접경험을 제공해 준다. 미술활동에서 아동은 여러 가지 재료 중에서 무엇을 가지고 어떻게 표현할까? 생각을 하고 탐색을 한다. 또한 아동은 자신의 주위환경에 대하여 지각을 하고, 상황을 판단하며 문제를 알아차리고 어떤 방법으로 해결할지 고민하는 과정을 통해 문제해결 능력을 발휘하게 된다. 이와 같이 미술활동은 자신과 자신을 둘러싼 세계에 대하여 탐구적 태도를 갖게 되며, 미술의 요소인 선·색·형태·부피·공간·구성·균형·질감에 대한 이해를 통하여 논리적인 사고능력을 기르며, 창조활동을 통하여 사건의 계열성 및 원인과 결과에 대해 이해하고 다양한 문제해결능력을 길러주는 중요한 활동으로 존재한다.

신체발달과 아동미술

아동에게 미술활동은 신체적 발달과 성장의 기회를 제공해 준다. 미술놀이로 대근육을 많이 사용하고 미술활동으로 소근육을 많이 사용하여 근육감각운동을 경험하고, 조절능력이 생겨 보다 정교하게 근육을 발달시킨다. 또한 눈과 손의 협응능력도 향상시킨다.

정서발달과 아동미술

아동은 미술활동을 통하여 감정을 정화시키고 자신의 내면세계를 반영하며, 성취감을 느끼고 많은 혼란스러운 감정을 사회에서 용납하는 합리적 방법으로 해결할 수 있는 전략을 습득하게 된다(Brittain, 1979).

사회성 발달과 아동미술

아동은 다양한 미술활동을 통하여 이야기를 나누고 상호작용을 하며 타인에 대한 공감능력을 형성하게 된다. 아동은 집단원들과 서로 도우며 재료를 나누어 쓰고, 규칙을 지키며, 정리 정돈하는 경험을 자연스럽게 갖게 된다. 경험은 자신과 타인과의 사회적 활동에 도움이 되고, 갈등을 해결하며 자아인식을 통해 자아개념이 발달한다. 그러므로 미술활동은 협동심, 타인이해, 공감능력, 준법정신, 책임감을 길러 사회성 발달을 돕는다.

언어발달과 아동미술

미술활동은 언어표현능력이 부족한 아동에게 자신의 느낌과 생각을 표현할 수 있는 수단의 통로를 제공한다. 아동은 창작품에 의미를 부여하여 언어로 다시 표현하고 치료사가 아동의 언어적 표현에 관심을 갖고 격려를 한다. 다양한 재료를 사용하고 창작활동의 과정에서 의사소통을 경험하며 다양한 어휘를 배울 수 있다. 미술활동은 시지각을 촉진시켜 읽기와 쓰기의 기초언어능력과 집중력을 길러 줄 수 있다.

창의성발달과 아동미술

아동에게 미술활동은 창의성을 개발시킨다. 호기심을 가지고 새롭고 진기하며 다양한 면을 보는 능력을 갖게 한다. 아동미술은 누구도 인식하지 못하는 문제를 보는 능력도 향상시킨다. 창의성은 문제를 새롭게 바라보고 효과적인 해결책을 제안하는 능력이다. 창의성은 아동기에 가장 급속도로 발달하며 아동이 자기 주도적으로 다양한 재료와 다양한 도구를 사용하여 아동의 생각, 느낌, 욕구, 상상력을 타인과 다르게 표현해 보고 실험해 보는 미술활동이 창의성 계발에 가장 적절한 활동이라고 할 수 있다.

CHAPTER 02

아동미술의 발달단계

로웬펠드

로웬펠드(V. Lowenfeld, 1903~1960)는 오스트리아의 진보주의와 심리학자로, 창의성 중심의 미술교육 이론가이자 실천가다. 아동의 미술표현에 대해 학자들이 관심을 갖기 시작한 것은 오래 전의 일이다. 로웬펠드의 발달단계이론을 중심으로 설명하고자 한다. 심리학자들은 아동을 이해하기 위한 방법으로 그림을 분석하기 시작하였고, 미술교사들은 아동의 그림을 이해하여 좀 더 나은 교육을 하기 위한 방법을 찾으려고 애썼다. 그러한 노력의 결과로 아동의 그림을 단순한 표현으로만 인식하기보다는 발달의 한 표상으로 여기고 있는 것이 사실이다. 이는 미술표현이 한 아동의 전반적 발달을 보여주는 한 예라는 것을 알게 해 준다. 물론 이러한 발달은 아동의 인지, 사회성, 언어, 신체 등의 발달 전반과 밀접한 관계를 맺고 있으므로 이에 대한 이해를 기본으로 해야 한다.

발달단계는 개인에 따라 차이가 있으므로 이 시기에는 이러한 특징이 있다고 일률적으로 규정하기는 어렵다. 그러나 아동 미술표현의 발달과정에 대한 이해를 한다면 아동의 단계에 맞는 지도를 하고, 그림을 이해하는 데 도움이 된다. 아동발달에 있어

개인차가 있기 때문에 어떤 표준적 발달과정을 설정하는 데 어려움이 있다 보니 학자에 따라 발달단계의 구분이 각기 다르고 각 단계별 연령범위와 내용이 조금씩 다르다. 로웬펠드의 발달단계이론은 그의 저서 『미술을 통한 성장(Grow through Art)』을 통해서 국내에도 큰 영향을 미치게 되었다. 로웬펠드는 아동의 미술표현단계를 6단계로 구분하여 아래와 같이 설명하고 있다.

난화기 (scribbing stage: 자아표현의 시작, 2~4세)

난화기는 착화(Scribble)의 단계로 상하좌우로 자유로이 그리며 점차 원과 각이 나타난다. 어른이 보기에는 불규칙한 선이지만 아동은 '엄마', '아빠'라고 의미를 붙이기도 한다. 그리고자 하는 대상이 있어서 그리는 것이 아니라, 그리는 자체가 목적이고 즐거움이다. 아무런 뜻이 없는 것 같지만 그리는 과정에서 웃기도 하고 자신이 그린 것을 부모가 보기를 요구하며 동조를 구하기도 한다.

난화기는 무질서한 난화기, 조절하는 난화기, 명명하는 난화기 등 3단계로 나눌 수 있는데, 다음과 같은 단계별 특성을 그림의 특징과 함께 살펴보고자 한다.

① 무질서한 난화기 (disordered scribbing)

이 시기는 1세부터 시작하여 2세 6개월까지 지속되며, 긁적거리기에 대한 시각적 통제를 거의 못하고 긁적거리는 행위 자체에 재미를 느끼면서 무질서하게 그리는 시기다. 또한 유아들은 손목운동이 아니라 어깨를 사용한 팔운동으로 낙서를 하게 되고 감각이 주변 환경과 접촉하면서 그 반응으로 그리기 시작한다. 그림의 특징은 다음과 같다. 빠른 경우에는 1세 이전에도 끄적거림이 나타나는 경우가 있지만, 보통 1세에서 2세 사이에서 나타나며 개인차가 심하다. 끄적거림은 어깨를 왼쪽에서 오른쪽, 위에서 아래로 움직이는 근육운동의 결과로 볼 수 있다. 별로 힘을 들이지 않고서도 다양한 흔적이 나타나는 연필이나 크레용, 매직 등을 좋아한다.

② 조절하는 난화기 (controlled scribbing)

동작이 반복되어 시각과 근육활동 간의 협응이 시작되고 선이 일정한 반복으로 나타난다. 자기 손이나 팔의 움직임 결과 종이 위 흔적의 관계를 알게 된다. 시각적 조절을 인식하게 되는 것이므로 매우 중요한 시기다. 그림 자체에는 큰 차이는 없지만 손목이 부드러워지고, 자신의 손과 팔의 동작에 대한 조절을 할 수 있다는 발견이 이 시기의 가장 중요한 단계다. 이러한 관계를 인식하면서 다양한 움직임을 시도하게 된다.

이 시기에는 자신의 그림을 응시하게 되고 그림을 그리는 시간이 훨씬 길어지게 된다. 이 단계에 나타나는 의미 없는 선들은 운동능력에 다른 조절로 인한 중요한 성취이기 때문에, 그림에 나타난 유형들에 관심을 기울이는 것은 별로 의미가 없다. 하지만 반드시 그런 것은 아니기 때문에 이렇다고 단정지어서도 안 된다. 하여튼 이 시기의 유아들의 의도는 손과 팔의 움직임에 따른 관심과 근육 움직임에 따라 난화가 나타나는 것에 즐거움을 느낀다고 할 수 있다. 난화기 그림의 특징은 다음과 같다.

마구 그린 무질서한 끄적거림들이 일정한 흐름이 잡히고 규칙적인 반복이 나타나는 시기다. 자신의 근육을 어느 정도 조절하고 통제하게 됨에 따라 자신의 근육의 움직임과 표시되는 흔적들 사이에 어떤 관련이 있음을 알게 된다. 수평, 수직, 사선의 규칙적인 반복이 어느 정도 지나면 동그란 선의 반복이 나타난다.

인물화의 특징은 다음과 같다. 원, 선, 고리, 소용돌이 모양 공간의 표현이 나타난다. 종이 안에만 그리거나 이미 그려진 것 주위에 그리며, 어떤 부분에 집중해서 그리기를 한다.

③ 명명하는 난화기

3~4세경 유아는 연속적으로 겹쳐진 선들을 그리던 것을 하나의 선으로 의식하고 그리는 시기다. 또한 무의식적 접근이 점차 의식적인 접근이 되어 자신이 그려 놓은 난화에 이름을 붙이기 시작한다. 그림의 특징은 다음과 같다. 독자적으로 끊어진 난화를 그리고 나서 그 표현에 이름을 붙이는 시기다. 연속적으로 반복되어 그려지는 난화는 끊어지고 분산되며 곡선과 직선이 뒤섞여 나타난다. 아이들이 자신이 만들어 낸 형태와 주변 세계를 연결지으려고 하며, 이것은 점차 자신의 의사를 표현하려는 의도를 나타낸 것이다. 알고 있는 사물과 관련해서 표시한다. 다양한 선 표현, 손가락 사이 도구를 잡는다. 그리는 도중 사물을 바꾸어 그린다. 집중력이 향상된다.

자신의 그림에 이름을 붙이며, 움직임을 명명한다(달리기, 뛰기, 흔들기 등). 이미 그린 것을 활용하여 그린다.

전도식기 (pre-schematic stage: 재현의 첫 시도, 4~7세)

본 것보다는 아는 것을 표현하는 단계다. 따라서 감정적으로 좋아하는 것을 선택하며 대상의 색과는 무관한 색을 칠한다. 이 시기의 표현은 원시미술과 유사한 표현양식을 보이며 고대 이집트 벽화에서 보이는 '정면의 법칙'이 나타나기도 한다. 전도식기의 아동은 표현된 것과 대상과의 관계를 발견하기 시작하며 아는 바를 그리며, 반복을 통해 한정된 개념을 발달시킨다. 아울러 인물, 나무, 해, 산 등을 주로 그리며 모든 것을 자기중심적으로 표현한다.

그림의 특징은 다음과 같다. 물체의 크기와 위치를 주관적으로 정한다. 그려진 물체들이 서로 관계가 없다. 미술은 자신의 의사소통이 된다. 알고 있는 물체는 카탈로그식으로 표현하거나 나열한다.

인물화의 특징은 다음과 같다. 인물들은 보통 미소를 지으며 앞을 보고 있다. 전체적으로 인물의 팔, 몸, 손가락, 발가락 등 몇 부분 없거나 왜곡된다. 옷이나 머리카락 등의 자세한 것은 이 시기의 말기에 나타난다.

도식기 (schematic stage: 형태개념의 습득, 7~9세)

객관적 표현이 드러나기 시작하며 인물을 중심으로 동물, 집, 차량, 나무, 꽃, 기물 등을 그린다. 자기 생각을 나타내는 도식적이고 상징적이며 개념적인 표현이 많다. 도식기 아동의 그림의 특성을 보면 다음과 같다.

① 도식화된 그림을 그린다. 아동은 자신과 대상과의 관계를 공식화하고 그것을 도식화하여 표현한다. 아동은 몇 번이고 반복해 본 결과 표준적이고 정형적인 그림을 그리게 된다. 그러나 이 도식화된 내용은 아동의 체질이나 개성에 따라 천차만별로 그려진다.

② 도식화된 경향이 자기중심성의 의식으로 오랫동안 아동 그림에 나타난다. 그러므로 아동화를 연구하려는 사람에게는 가장 흥미 있는 시기이기도 하다.

③ 기저선이 나타난다. 이 시기의 어린이는 기저선을 통하여 바닥이나 땅을 나타내면서 공간 관계에 일정한 질서가 있다는 큰 발전을 하게 된다. 양식화 이전의 단계에서 사물과 사물과의 관계를 '나무가 있고', '사람이 있다', '기차가 있다'라고만 했으나 양식화 단계에서는 '나는 땅 위에 있다', '풀이 땅 위에 나와 있다' 등의 생각으로 화면의 아랫부분에 수평으로 된 긴 선을 긋게 된다.

④ 주관적 경험을 포함한다. 중요한 부분을 과장하고 중요하지 않은 부분을 생략하여 주관적 인물과 공간 개념을 표현한다.

⑤ '접어서 포개기'가 나타난다. 정서적 경험이 강하기 때문에 자기가 환경의 일부라는 것도 잊고 기저선의 경험을 포기한 채 공간관계 표현에 때때로 전개도식 표현 (folding over)을 사용하기도 하는데, 이것은 물체를 기저선에 대하여 수직의 그림으로써 공간관계를 나타내는 과정으로 사물이 거꾸로 그려져 있는 것 같이 보인다.

⑥ 공간과 시간의 재현을 한다. 이것은 단일 공간 안에 각각 다른 시각에 일어났던 일을 연속하여 표현하는 것을 말하는데, 필요하다면 아동은 자연스럽게 이 표현 양식을 쓴다. 때로는 동시에 평면과 입면을 사용하기도 하고 평면적인 것과 입체적인 것을 묘사하며 동시에 각각 다른 시각에 연속적으로 일어나는 일을 묘사하는 독자적 방법을 쓰기도 한다.

⑦ 아동이 내부가 외부보다 정서적으로 중요하다고 느껴졌을 때 내부와 외부를 동시에 그린다. 이것은 시각적 의의보다도 정서적으로 무엇이 주가되며 무엇에 관심이 큰가를 알 수 있다.

⑧ 객관적 색채의 단계로 색과 사물 사이의 관계를 발견하게 됨으로써 주관적이지도 정서적이지도 않은 사실적인 색을 사용하게 된다.

인물화의 특징은 다음과 같다. 똑같은 인물 표현양식이 나타난다. 신체는 보통 기하학적 모양으로 만들어진다. 팔과 다리는 선만으로도 표현되는 것이 아니라 피부가 있게 되며 제대로 위치하게 된다. 과장, 생략, 표현양식의 변화는 어떤 경험을 했는가를 반영한다. 신체비율의 표현은 정서적 느낌에 의해 좌우된다.

또래집단기 (gang age: 사실표현의 시작, 9~11세)

사물을 보다 객관적이고 실제적으로 표현하는 리얼리즘의 시초 단계다. 색채도 사실적 양상을 강하게 보여주며 의복표현에도 관심을 보인다. 사실적 표현에 미숙한 아동이 미술표현에 흥미를 잃어버리는 현상이 나타나기 시작하는 시기이며, 흥미를 잃어버리는 아동은 그림에 자신감을 잃고 점차 미술을 멀리하는 경향을 보이게 된다.

미술에서의 사실이란 물체 그 자체의 재현이 아닌 특정한 대상에 대한 우리 경험의 재현이다. 단순한 사진적 모사는 자기 자신의 자기동일화하는 기회를 아동으로부터 박탈하는 수가 있으므로, 미술교사는 아동이 단순한 사진적 모사에 빠지지 않도록 유의해야 한다. 이 시기를 또래집단기(gang age)라고도 하며 아동에게는 결정적 시기이므로 각별한 지도에 유념할 필요가 있다.

① 자기의식의 확대

이 시기의 특징은 아동이 사회적 독립에 눈을 뜨게 되는 것으로 혼자보다는 무리지어 놀기를 좋아하고, 여자는 자기 옷에 대하여 더 관심을 갖게 되며, 아동끼리의 암호나 은어를 만들어 어른의 욕구와 때때로 대립하기도 하는데, 이러한 것이 창작활동에도 반영된다.

② 색채에 대한 주관적 단계

아동이 색과 사물과의 사이에 시각적 관계가 있다는 것을 알면 알수록 교사가 아동에게 책을 사용하는 방법을 가르친다면 사실적 색채에 대한 초기의 감각을 그르치기 쉽다. 교사는 아동에게 색에 대하여 주관적이고 강한 반응을 유도해야 한다. 추상적 방법이 아닌 실험과 경험으로 그림활동을 하는 것이다. 또래집단의 의사를 존중하고 도식으로부터 벗어나기 시작하면 세부 표현이 나타난다. 중첩과 기저선 사이의 공간을 인식하기 시작하며 위에서 본 모습을 표현한다.

의사실기 (pseudo-naturalistic stage: 합리적 표현, 11~13세)

자기중심에서 외계 인식이나 미래에 대한 관심이 커지며 사실적 표현경향이 짙어져 관찰묘사에 의존하게 된다. 3차원적 공간을 표현하고 명암, 음영 등을 표현하게 된다. 아동화에서 보이는 아동만의 독특한 분위기는 사라지고 작품의 평가기준을 사실적 표현에 두게 된다. 따라서 완성된 작품에 중요성을 부과하게 된다.

① 심리학적 관점에서 본 추리단계

추리단계는 사춘기 직전의 시기라는 데 중요한 의의가 있다. 신체의 성장에 따라 무의식적인 것에서 비판적이며 의식적인 것으로 이어져 가는 상상활동의 변화는 이 시기의 중요한 특징이다. 미술교육은 상상활동을 광범위하게 작용시키는 것이므로 교사는 이 변화에 영향을 주기도 하고 통제하기도 하는 제일 좋은 시기다. 아동의 창작활동을 분석해 보면 시각적 자극에 대하여 민감한 반응을 보이는 아동이 있는가 하면 주관적 경험에 관심을 두는 아동이 있으나 대부분의 아동은 이 양자의 특징을 뒤섞어 표현한다. 시각적 경향의 아동은 공간을 원근법적으로 나타내려는 데 관심을 가지며, 색채, 빛과 그림자의 모든 변화에도 관심을 갖는다. 주관적 경향의 아이는 자기와 외계(外界)와의 정서적 관계를 강조 하며 시각적 경향의 아동은 그 작품에 대하여 환경에 관심을 갖고 구경꾼의 기분으로 자기 작품을 바라보지만 주관적 경향인 아동은 자기 작품 안에서 마음을 쏟아서 느낀다.

② 사실적 표현이 싹트기 시작

시각적 아동을 보면 사람을 그릴 경우 앉아 있을 때 옷에 어떠한 변화가 일어나는지를 관찰하여 그것을 사실적으로 그리게 된다. 이 연령 이전에는 대개 특징 표현, 즉

옷만으로 '이것은 소녀다', '이것은 인간이다'라는 것을 나타냈지만, 그 이후의 시각적 아동은 특징을 표현함에 있어서도 시각적 변화를 가하려고 노력한다. 다시 말하면 의복의 굽은 부분이 꺾이기도 하고 주름이 지기도 하며 빛과 그림자가 환경의 변화에 따라 변화하는 사실을 알게 되는 것이다.

③ 각각 다른 두 개의 공간개념 발달

이 시기의 중요한 변화는 먼 곳에 있는 것이 작게 보인다는 시력의 변화로서 이와 관련하여 지평선을 발견하게 된다. 거리를 알게 됨으로서 입체적 공간을 발견하게 되며 이때 아동에게 원근법을 설명해주어서 아동이 발견할 기회를 뺏어서는 안 된다. 이러한 발견은 언제나 자연 속에서 실제로 경험하는 것을 바탕으로 깨달아야 한다.

사춘기 (period of decision: 창의적 활동의 위기 13~16세)

청소년기에 들어서는 시기로서 정서적으로 불안함을 보인다. 사실적 표현에 익숙한 아동은 표현활동에 흥미를 갖고 임하지만 사실적 표현에 미숙한 아동은 자신을 미술에 소질이 없는 것으로 단정하고 미술을 멀리한다(이근매, 2014).

켈로그

켈로그(R. Kellogg)는 미국출신이며 아동이 그리고 싶은 것을 그리면서 그의 경험을 통합적으로 발달시켰다. 성인들의 고정되어 버린 생각에 의해서 재능이 손상되지 않는다면 위대한 예술가로 발전될 수도 있다고 주장했다. 「아동미술의 분석(R. Kellogg, 1969)」에서 미국을 비롯한 30여개국의 아동그림을 수집·분석하여 그림그리기 형태를 다음과 같이 제시하였다.

① **낙서의 단계**(2세 전후)

2세 아동의 묘화 형태는 긁적거리기로, 이때의 긁적거림은 의미가 없으며, 하나의 선 또는 여러 개의 선을 사용한다. 이와 같은 선을 20개의 기본 형태로 나타난다.

② **형상화 단계**(2, 3세~)

이 시기에는 좀 더 통제된 긁적거리기가 나타나며 모양에 대한 인식을 한다. 원, 십자가, 정사각형, 직사각형(O, +, ㅁ, ㅁ)등의 기호적인 도식이 나타나며 17가지 형태로 분류된다. 이러한 도식 중 두 가지 또는 세 가지가 모여 집합을 이루고 이러한 집합이 모여 66가지의 기본도형 연합을 만들기도 한다.

③ **디자인 단계**(3, 4세~)

이 단계에서는 도형을 조작하고 추상적이지만 어느 정도 균형이 잡힌 그림이 나타나며 세 가지의 특징적인 형태를 나타낸다.

▶ **만다라형:** 만다라란 산스크리트어로 원을 뜻하는 말이다. 원 안에 십자가 형태를 그린 형태, 원이 여러 개 모인 것, 사각형 안에 원이 포함된 형태, 원을 중심으로 팔방으로 뻗어나간 형태가 나타난다.

▶ **태양형:** 태양형 그림은 3세가 되어야 나타나는데, 두 개 이상의 원이 겹치지 않고 원 안에 십자가 모양이 없어야 한다. 아동은 태양형을 사람 형태로 그려 원시적인 얼굴 형태로 나타내며 팔과 다리가 보이는 인물화가 나타나기도 한다.

▶ **방사선형:** 긁적거리기가 반복되어 나타나며 십자가가 세 개 이상 모여 중심의 한 점을 지나가는 형태를 나타낸다.

④ **인물화의 단계**(4세)

초기의 인물화는 주위사람을 관찰해서 그리기보다는 전 단계의 반복된 작업으로부터 이루어진 도형의 결과다. 처음 사람을 그릴 때 아동은 얼굴 형태의 타원형의 도형과 만다라 형인 몸통부분을 합쳐서 그린다. 이 시기의 아동은 자신의 그림에 이름붙이기를 좋아한다.

⑤ 초기 회화단계(4, 5세~)

사실적인 그림을 그리기 시작하는 단계로 주로 동물, 식물, 건물, 수송기관 등을 자주 그린다. 성인이 인식한 것과 사물을 비슷하게 그리기 시작하며 이때 자신이 그린 것이 실재와 비슷하다고 느꼈을 때 아동은 미적 경험을 하게 된다.

이와 같이 켈로그는 초기의 긁적거림에서 사실적인 그림이 나타날 때까지의 발달과정을 나타냈다.

김정

김정(1940~)은 서울에서 태어났으며 초등학교 시절은 전쟁 포스터를 많이 그렸고, 중고등학교 때는 미술반에서 데생과 수채화를 공부하였다. 경희대학교에서 서양화를 공부했으며 독일의 아우스부르그 대학에서 판화, 예술, 교육, 철학 등 공부하였다. 현재 숭의여자대학교에 재임하고 있다. 김정(1985)은 한국인의 체질과 특성에 맞추어 로웬펠드의 6단계를 더 발전시켜 신생아기를 신설해 7단계로 연구하였다.

① 신생아기(1~3세)

출생부터 3세에 이르는 기간의 아동은 아무것이나 잡는 대로 입에 갖다 대거나 또는 마구 휘적거리는 등의 행동을 보인다. 그것은 그림을 그린다고 볼 수 는 없으나 뭔가 그리는 시늉을 하는 것으로 볼 수 있다. 그림이 아니라 낙서 또는 장난으로 보이는 것이 더 가까우나 그린 아동의 내심에는 무엇인가 그렸다고 생각하고 있을 것이다. 어떤 것을 그려 놓고 그것에 대해 설명하는 아동도 있다. 서양에서는 신생아기에 대한 구분은 없다.

② 난화기(3~5세)

그림에 대한 관심이 차츰 높아지면서 그것은 바로 그리는 행동으로 옮겨간다. 처음에는 낙서가 동시에 뒤섞인 형태로서 그림이라기보다는 낙서에 비중이 더 가는 시기다. 그러나 아동에 따라서 많은 그림을 진지하게 그리는 경우도 있다.

③ 전도식기(5~7세)

이 시기에는 아동이 그림을 의식적인 표현으로 그린다. 상당한 흥미를 수반한 그림 제작이 이루어지고, 자신과 객체가 일치되는 경향을 보인다. 아직 공간개념, 원근관계, 대소 관계 등이 무시된 채 주관적인 사고에 의해 그려지고 있다.

④ 도식기(7~9세)

이 시기에는 아동이 사람과 사물에 대해 일정한 개념을 찾아낼 수 있는 능력과 판단이 생기므로 독자적 표현이 나온다. 사물의 외면과 내면의 형태묘사가 시도되고, 상징성이 후퇴하며, 점차 객관적 사실에 접근하려는 노력이 보인다. 그러나 표현성에 유연성을 상실하기 쉬운 이유는 주관과 객관의 틈바구니에서 고민하는 단계이기 때문이다.

⑤ 여명기(9~11세)

이 시기에는 아동이 도식화되었던 기하학적 선묘법으로부터 객관적이며 사실적인 묘화로 접어드는 시기다. 사실적 묘사 쪽으로 들어가려는 경향이 강하다. 시각과 지각의 발달로 사물의 형태를 잘 알게 되는 반면에 그림을 그리는 데 자신감이 없어지는 시기다.

⑥ 의사실기(11~13세)

이 시기에는 아동이 거의가 사실적인 그림을 그린다. 사물과 닮지 않으면 곧바로 못 그렸다거나 포기하는 상태로 변하는 시기다. 지각이나 논리적 사고만큼 그림이 따라주지 않기 때문에 그림에 대담성이 없어지기 쉽다.

⑦ 사춘기(13~16세)

이 시기에는 아동이 자신의 그림에 대해 비판적인 안목을 가지게 된다. 풍부한 상상력은 거의 쇠퇴하고 저질스러운 그림형태가 나오며, 만화에 가까운 그림을 그린다. 그러나 다른 그룹의 소년들은 어른의 흉내처럼 제법 기법상의 여러 조건을 터득하느라 노력하기도 한다.

CHAPTER 03

아동미술의 의의와 효과

~~~~~~~~~~~~~

아동미술의 의의

아동은 신체, 인지, 언어, 사회성 등 다양한 영역의 발달을 통해 성숙한다. 아동의 미술활동은 이러한 발달 영역과 직접적으로 연관을 맺고 있으므로 아동미술은 아동의 전반적인 발달과 긴밀히 연결되어 있다고 볼 수 있다. 예를 들어 아동이 평면에 그림을 그린다고 할 때, 단순한 손동작뿐만 아니라 활동 자체에 주의를 기울여야 하는 집중력과 눈의 협응력, 색과 재료들을 선택하는 능력, 3차원의 세계를 평면으로 표상해 내야 하는 인지적 능력 모두를 포함하고 있다. 즉, 아동은 미술활동을 통해 총체적인 발달을 이뤄 나가게 된다(권상구, 1999).

켈로그(1922)는 자발적인 아동의 창작표현활동은 읽기를 성공적으로 이끌 수 있도록 지적으로 자극하며 그러한 미술활동을 함께 했을 때 학교생활이 생동감 있고 학습이 향상되었다고 보고했다. 따라서 아동미술은 아동의 근본적인 표현 욕구를 충족시키며 아동의 내면과 사고를 드러내고 발달시키는 본연의 의의를 가질 뿐 아니라 이를 통해 인지적, 언어적 발달을 수반하는 의의도 갖는 중요한 교육적 활동이라고 할 수 있다.

아동미술의 효과

아동은 자신의 오감을 통해 경험한 것을 미술로 표현한다. 표현을 위해 주변의 사물이나 환경을 세심히 관찰하고 그 특징을 세밀하게 나타내기도 한다. 이와 같이 아동은 미술활동을 통해 근본적인 표현의 욕구를 충족함과 동시에 언어적, 사회적, 신체적, 창의적, 심리적 발달 등을 이룰 수 있다. 또한 미술활동은 아동의 다중지능 개발에 도움을 주기 때문에 미술활동을 통해 아동에게 잠재되어 있는 다양한 재능을 일깨울 수도 있다. 이와 같은 아동미술의 효과를 살펴보면 다음과 같다(김판희, 박춘희, 2003).

① 미술은 아동이 자신을 표현하는 중요한 방식의 하나다.

미술활동은 아동에게 자신의 생각, 정서, 느낌, 상상, 개성을 표현할 수 있는 기회를 제공한다. 미술은 아동이 보고 느끼고 경험하며 상상한 모든 것들을 반영한다.

② 미술은 아동의 창의성과 개성을 발달시킨다.

창의성이란 어떤 목적을 달성하기 위해 적절한 아이디어를 도출하는 능력이다. 이것은 인간 모두에게 잠재된 보편적인 능력과 특성을 의미하는 것으로 일상생활에서 만나는 제반 문제들을 새롭고 특이한 방식으로 해결해 나가는 활동을 의미한다(김정, 1989). 미술의 속성 자체가 새로움을 지속적으로 추구하는 것이기 때문에 거기에는 절대적인 선이나 정답이 없다. 이러한 이유로 아동은 미술활동을 통해 개개인의 기질이나 성품에 따른 창의성과 개성을 발달시킬 수 있다.

③ 미술은 아동의 심미감을 발달시킨다.

미술은 궁극적으로 다양한 요소들 간의 조화와 통일을 추구하는 질서있는 인간 활동이다. 표현의 주제와 매체, 표현 기법의 선택과 표현 과정에는 많은 자유가 있지만, 표현하고자 하는 과정에서 미적 질서를 추구하게 된다. 아동의 미술활동을 통해 삶의 부분과 조각들을 질서 있게 하나의 미적 구조로 만드는 과정을 경험하게 된다. 색, 선, 형, 공간과 질감을 질서 있는 배열하고 조화롭게 구성하는 미술활동을 통해 아동은 자연스럽게 심미감을 발달시키게 된다.

④ 미술은 아동의 표현욕구와 창조의 즐거움을 충족시킨다.

아동은 여러 가지 매체를 통해 자신의 내면과 경험을 표현하는 미술활동을 즐기며
인간 본연의 표현 욕구를 충족시키며 창조의 즐거움을 경험한다.

⑤ 미술은 아동의 시지각과 공간적 지능을 발달시킨다.

우리가 외부로부터 받아들이는 대부분의 정보는 시지각을 통한 것이라고 할 수 있
다. 아동은 미술활동을 통해 물체의 크기, 형태, 빛, 밝기 등 이러한 시지각을 발달시킬
수 있으며, 시지각의 발달은 관찰력 발달을 도울 수 있다.

CHAPTER 04

아동미술과 아동미술치료

아동 미술활동

아동은 미술을 통해 자신의 생각과 감정을 표현할 수 있고 분노와 공격성과 같은 부정적인 감정을 두려움 없이 안전하게 표출할 수 있다. 미술치료는 이러한 미술활동의 장점을 이용하여 아동에게 가깝게 다가갈 수 있으므로 아동이 처한 문제를 효과적으로 해결할 수 있다.

놀이 활동에 잘 참여하지 못하거나 문제행동을 보이는 아동, 장애를 가진 아동, 언어사용능력에 제한이 있는 아동에게 미술활동은 특별한 의미가 있다. 자신을 둘러싸고 있는 현실세계에 잘 적응하지 못하는 아동은 미술활동을 통해 세상과 자신의 생각이나 감정의 교류를 하게 되며, 자신을 이해하고 세상에 다가갈 원동력을 얻게 된다.

대부분의 아동은 미술활동을 좋아한다. 미술을 통해 자신의 생각과 감정을 표현할 수 있고 정서적인 만족감을 경험할 수 있기 때문이다. 아동은 미술활동으로 과거의 고통스러운 경험을 승화시키고 자신의 분노와 공격성과 같은 부정적인 감정을 두려움 없이 안전하게 표출할 수 있다. 또한 아동은 미술활동을 통해 환상과 상상을 마음껏 표현할 수도 있다. 미술치료 시에는 이러한 미술활동의 장점을 이용하여 아동에게 더 가깝게 다가갈 수 있으며, 아동이 현재 처한 문제를 효과적으로 치료할 수 있다. 미술치료는 인지능력의 제한성으로 추상적인 매체를 통해 자기표현이 어려운 지적장애 아동의 자기표현에 유용한 매체가 될 수 있다(이숙민, 최세민, 2015).

한국교육개발원은 2008년에 전국 245개 초·중·고교생 74,380명을 대상으로 정신건강 선별검사를 실시한 결과 12.9%가 정밀검진이 필요하다고 보고하였다. 또한 교육과학기술부는 2009년에 전국 470개교의 초등 1, 4학년생과 중·고교 1학년생 126,000명을 대상으로 정신건강 선별검사를 한 결과 17%가 정밀검진이 필요한 것으로 보고하고 있다. 하트만(1987)은 6~10세 아동 중 15%이상이 수면장애, 식사장애, 운동장애를 보이고 있으며, 행동이 산만하거나 학교성적에 있어 부모나 교사의 기대에 미치지 못하고 신경치료제를 복용하면서 치료를 받고 있다고 보고 하였다. 유치원이나 초등학교에서 부정적인 행동이나 반항, 성적부진, 지적장애, 상관적 장애 등과 같은 문제를 보이는 아동을 교육하고 치료하기 위해서는 문제가 발생한 원인과 치료방법에 대한 기본적인 지식이 필요하다. 아동들이 선호하는 활동인 미술을 이용한 미술치료는 아동들에게 나타나는 다양한 장애나 문제를 치료하기 위한 방법이 될 수 있다.

아동 미술치료

미술은 창조적인 활동으로 아동이 창조적 에너지를 발산시켜 우울을 표현하고 내적인 갈등을 승화시킬 수 있도록 한다. 그 결과 아동은 미술활동을 통해 즐거운 감정과 환희를 경험하게 되고, 변화하고 성장할 수 있는 가능성을 갖는다. 따라서 창조적인 미술활동은 아동이 자신만의 잠재력을 발휘하여 개성화에 도달하게 하는 과정이 된다.

아동이 미술활동을 치료에 이용하였을 때 아동이 받게 되는 도움은 다음과 같다(이재연, 성영숙, 이명조, 1990).

① 미술활동은 아동의 인지적 능력을 신장시킨다. 미술작품을 만들어 가지 위해 아동은 무엇을 어떻게 할 것인지 생각해야 하고, 자신의 지식과 여러 감각을 사용해야 한다.

② 미술활동을 통해 직접적으로 관찰하기 어려운 자기 행동에 대한 아동의 인식을 살펴볼 수 있다. 미술활동을 하면서 아동은 과거나 현재의 사건과 관련된 생각과 감정, 그리고 미래에 대한 생각들을 표현할 수 있기 때문에 미술활동은 아동의 심리 저변의 인식에 접근하는 데 도움이 된다. 따라서 치료사는 직접적인 관찰이 어려운 아동의 감정과 생각을 읽어냄으로써, 아동을 보다 잘 이해할 수 있게 된다.

③ 미술활동을 통해 아동은 자신의 부정적인 감정을 정화하는 기회를 갖는다. 대부분의 공격적인 아동들은 자신의 부정적인 감정을 해소할 수 있는 적절한 방법을 알지 못하므로 신체적인 공격 행위를 하게 된다. 미술활동은 아동의 분노와 적대감과 같은 감정을 사회적으로 수용되면서 해를 끼치지 않는 방식으로 표현할 수 있는 기회를 제공한다.

④ 미술활동은 아동 스스로 주도하고 조절하는 기회를 제공한다. 아동은 자발적으로 미술활동을 하면서 자신의 자아를 고양시키고 자아존중감을 높일 수 있다.

⑤ 미술재료를 선택하는 미술활동 과정과 완성 작품 자체가 아동에게 성취감과 만족감을 안겨 준다. 따라서 미술활동은 아동이 긍정적인 자아개념을 발달시키는 데 도움이 된다.

⑥ 미술활동은 아동이 자신의 방어기제를 허물지 않고 자신의 무의식세계를 보여 주는 데 도움이 된다. 이 과정에서 치료사는 아동의 마음에 상처를 주지 않고 아동의 무의식세계에 접근할 수 있는 기회를 얻게 된다.

⑦ 미술활동은 자신의 마음을 표현하는 데 어려움을 가지거나 언어표현 자체가 적은 아동과 친밀감을 형성할 수 있는 수단이 될 수 있다. 특히 언어표현 능력이 부족한 유아나 대인관계에 자신이 없는 청소년들에게 대인관계를 성립시켜 치료가 가능하도록 하는 유용한 매체가 될 수 있다.

⑧ 미술활동은 아동을 진단하는 데 도움이 되는 보충적 자료가 된다. 아동은 미술활동을 통해 현재의 색감과 감정을 그대로 표현한다. 예를 들어 자신을 극도로 방어하고 있는 아동은 그림을 전혀 그리지 않거나 선만 그어대든지 똑같은 것만 계속 그린다.

결론적으로 아동의 미술작품은 아동의 신체적·정신적 발달 수준과 현실 세계와의 관계를 잘 나타내 준다고 할 수 있다. 따라서 미술활동은 삶을 풍요롭게 하는 매체로 문제가 있는 아동뿐만 아니라 정상적인 아동에게도 널리 활용될 수 있다.

03

아동
트라우마와
심리치료

Art Therapy Program for Children with Trauma

CHAPTER 01

트라우마와 심리치료

외상 후 스트레스 장애(Post Traumatic Stress Disorder; PTSD)를 미국 정신과협회에서는 DSM－5(2013)를 통해 PTSD에 대해 불안장애(Anxiety Disorder)의 한 유형으로 하나 혹은 그 이상의 외상성 사건에 노출 된 후 특유의 증상이 나타나 발전하는 것으로 정의하고 있다(신유정, 2014).

심리적 트라우마(psychological trauma)란 '실제적이거나 위협적인 죽음이나 심각한 상해 또는 개인의 신체적 안녕을 위협하는 사건을 본인이 직접 경험하였거나 타인에게 일어나는 것을 목격한 경우, 그리고 그로 인해 극심한 공포, 무력감, 두려움 등의 감정을 경험한 경우'라고 정의하고 있다(DSM-Ⅳ, 1994).

Allen(1995)은 트라우마를 '폭력이 가해진 심리적 상처로서 지속적인 파급 효과를 미치는 일'이라고 정의하였다. 여기서 '지속적인 파급효과'는 생리적인 것과 심리적인 것, 신체화 증상 모두를 의미한다. 그는 트라우마를 여러 가지 유형으로 분류하였는데, 트라우마는 첫째, 일회적 트라우마 대 반복적 트라우마와 둘째, 자연적 트라우마와 인위적 트라우마로 구분된다. 이 중에서 사람들의 스트레스를 지속시키는 요인은 대부분 인위적 트라우마이며, 여기에는 아동 학대, 아동에 대한 성적 학대, 가학적인 학대, 폭력 범죄, 성범죄 등이 포함된다.

　트라우마는 그리스어인데 이 뜻은 '상처'라는 의미를 가지고 있다. 즉, 아이들이 학대를 받거나 어렸을 때 부모님이 돌아가시거나 왕따를 당하거나 여러 가지 사고를 통해서 얻은 아동들의 마음의 상처를 뜻하는 것과 같다. 더 정확하게 말하자면 아동 트라우마는 생활을 하고 있는 도중에 갑작스런 사고를 당해서 나타나는 한가지의 증상인 것으로 생각 된다. 트라우마는 아동들의 심리적 안정과 정신적 안정을 심각하게 만들 수 있는 성격을 가지고 있다. 아동은 직접적으로 겪은 재난 재해 사고를 통해 트라우마를 가지게 될 수도 있지만 가족이나 친구 또는 지인 등에게 발생한 트라우마 사건의 목격을 통해서도 경험할 수 있다. 아동은 가정폭력이나 부모 등 주변의 주요인물의 사고 재난 등을 목격할 경우도 트라우마에 노출될 수 있다. 학대, 왕따, 의도적인 폭력, 대규모 교통사고, 화재, 화상, 일반적인 교통사고, 강간, 성폭력, 잘 알지 못하는 사람으로부터 신체적인 공격, 가정 폭력, 부모의 부부 싸움, 감정적인 폭력, 고문, 전쟁, 살인, 자살, 생명을 위협하는 질병, 심각한 수준의 상실 등에서 아동 트라우마가 나타날 수 있다. 아동들은 과거에 경험한 사건들로 인해 트라우마와 외상 후 스트레스 장애를 겪는다.

　외상 후 스트레스 장애는 과거에 겪은 일로부터 그 사건에 대해서 공포감을 느끼고 사건이 일어난 후에도 계속적인 재경험을 하게 될 수 있다. 아동들은 계속되는 침투증상 또는 재경험을 통해서 고통을 느끼고 그 고통에서 벗어나기 위해 많은 에너지를 소비하기도 한다(DSM-Ⅳ, 1994). 즉, 정상적인 사회생활에 부정적인 영향을 받게 된다. 이런 상황이 계속 되다보면 아이들은 급성 스트레스 반응을 일으키는 것으로 밝혀졌다. 급성 스트레스의 증상은 신체적, 행동적, 인지적, 정서적 형태들로 나타나며 이러한 증상들은 수개월 이상 또는 사회에 살면서 평생 그 고통이 따라 다닐 수도 있다. 지적발달에 방해를 받거나 정상적인 발달에 악영향을 미쳐 사회생활에 적응을 잘못하게 된다.

CHAPTER 02

아동기 트라우마의 이해

트라우마의 심각성의 정도와 종류, 맥락에 따라 사람들에게 미치는 영향은 매우 다르다. 그 중 가장 심각한 트라우마는 인위적이고 반복적이며, 예상치 못하고, 다양한 곳에서 경험되며, 가학적이거나 악의적이며 아동기에 경험하는, 양육자에 의해 당한 트라우마다. 그 대표적인 예가 가정폭력이나 아동학대, 방임 등이다(Allen, 1995). 그 외에도 학교폭력, 유괴, 납치, 감금, 미아의 경험들이 아동의 심리적 불안을 높이는 결과를 초래한다. 아동기에 경험한 학대 등은 아동의 인성 형성에 영향을 미치며 정상적 발달을 저해하며 미래에 대한 불안감을 조성시키고 세상을 부정적이고 불안정한 곳으로 지각하기 때문에 세상을 안전하고 살만한 곳으로 생각하기가 어렵다.

외상이론(Trauma model)에 의하면 아동기의 학대나 방임, 부모로부터 모욕 등과 같은 외상경험은 인지·행동·정서에 영향을 주어, 외상후 스트레스 증상을 유발할 수 있다(Dutton, 1999; Haapasalo & Pokela, 1999). 아동기 외상경험은 생리학적 기제와 연결되어 이후 심리 정서적 문제를 일으킨다고 한다(Craig & Helen, 2007). 선행 연구들에 의하면 학대를 경험한 아동과 청소년은 우울, 불안, 심한 위축 등과 같은 내현화 문제(Allen & Tarnowsiki, 1989)와 공격성, 비행, 품행장애 등의 외현화 문제(Dodge, Petti, Bares & Valente, 1995), 자살

관념 및 자살 행동(Briere & Runtz, 1988)등으로 고통을 받는다고 알려져 왔다(황은수·성영혜, 2006). 또한 학대받은 아동들은 낮은 학업성취를 보이는 것으로 나타나며, 우울 성향을 보이며 자기존중감과 자기효능감을 저하시키고 자신을 무가치하고 무능한 존재로 자각하게 된다(Chao & Williams, 2003). 학대받지 않은 아동과 비교해 볼 때 학대받은 아동은 불안정 애착을 형성하게 된다(Egeland, Jacobvitz & Sroufe, 1988). 이러한 불안정한 애착은 공감 능력의 결여, 공격성, 반사회성, 충동성, 무력감 등의 정신적 문제와 관련 있다. 아동의 내현화와 외현화 문제들은 아동의 일상적인 생활의 이탈과 관련될 수 있다.

이처럼 삶에 중대한 영향을 미칠 수 있는 PTSD를 인간의 전 생애에 걸쳐 이루어지는 성격의 많은 부분이 형성되는 아동기에 겪게 된다면, 그로 인하여 파생되는 정서·심리적 문제는 향후 얼마나, 그리고 어떻게 삶에 영향을 미치게 될 지는 누구도 장담할 수 없을 것이다.

외상 후 스트레스 장애 증상들이 학령전기 아동에서도 수년간 지속된다는 연구 결과들이 보고되고 있으며, 발달 초기의 외상적인 경험은 언어적 표현보다는 주로 꿈, 신체적인 반응들, 두려움, 그리고 놀이나 재현적인 행동의 형태로 나타난다는 연구결과가 보고되었다(신의진, 엄소용, 최의겸, 송원영, 오경자, 2006. 재인용). 이러한 연구 결과는 어린 아동들의 외상적인 경험에 대한 기억들과 이로 인한 PTSD 증상들이 수년에 걸쳐 오랫동안 아동의 발달에 부정적인 영향을 줄 수 있음을 시사한다.

스트레스 반응의 생리적인 후유증은 아동기 이후의 성격형성에 영향을 끼치며, 공포, 불안, 불신감, 인지손상 및 행동통제 조절의 취약성 등을 남긴다. 또한 외상의 양상을 경험한 아동의 연령 및 발달단계 등에 따라 우울, 불안장애, 알코올 남용과 물질남용, 애착장애, 사회적 기술의 결여, 공격성, 충동성, 주의력 결핍 과잉행동장애, 심각한 반항행동, 인격 장애, 성적 행동, 신체화, 기분부정, 공황장애 등이 나타날 수 있다(구정일, 김태형, 은헌정, 최말례, 이선미, 조수진, 송옥선, 김형욱, 2006. 재인용). 따라서 아동의 정상 발달과 적응을 도모하기 위해서는 반드시 트라우마와 관련된 부적응적 행동을 발견하고 치유적 접근을 할 필요가 있다.

CHAPTER 03

아동기 트라우마의 영향과 치유

The National Child Traumatic Stress Network에 의하면 아동기 트라우마는 다음과 같은 경향이 있음을 알 수 있다.

첫째. 아동 트라우마는 생각하는 것보다 더 흔하다는 사실이다.

16세전까지 청소년이 심각한 트라우마 사건을 경험하는 비율은 25%가 넘고, 많은 아동은 중복적이고 반복적인 트라우마 사건들로 괴로움을 경험하고 있다.

트라우마의 가장 흔한 원인은 학대와 방임, 심각한 사고로 인한 손상, 재난, 이웃, 학교, 집에서의 폭력의 경험이나 목격, 그리고 삶에 위협적인 질병의 치료(medical trauma)를 포함하고 있다.

정신적 위기와 트라우마 사건 이후 아동은 외상적 스트레스가 반복적으로 각성되는 상태에 빠지게 된다. 혹시 아동이 폭력에 희생되었거나, 목격하였다면, 약 25%의 아동은 PTSD, 우울증, 혹은 불안증을 경험할 수 있다.

아이들은 체구가 작고, 나이가 어리고, 의존적이기 때문에 트라우마에 더욱 취약하다. 이전 트라우마의 경험, 과거 정신건강의 문제, 가족력의 문제는 아동의 위험을 더

증가시킬 수 있다

둘째. 아동이 외상후 스트레스를 경험하고 있다면, 분명히 발견해낼 수 있다는 사실이다.

외상 후 스트레스는 두려움, 분노, 사회적 위축, 집중력의 문제, 소화 장애, 악몽을 가져온다. 학업의 실패와 어려움, 자퇴, 잦은 결석, 제적과 유급의 문제를 직면하고 있는 학생은 트라우마의 한 증상일 수 있고, 이들은 사회적으로 폭력적인 환경에 노출되었을 가능성이 높다.

아동의 스트레스는 눈에 띄지 않을 수 있지만, 아이들과 이야기를 나눔으로써 아동이 외상적 스트레스를 경험하고 있는지 발견할 수 있다. 아동들은 이미지, 생각, 느낌 등을 통해 트라우마를 재경험할지 모르고, 외상적 사건을 떠올리게 만드는 사람들, 장소를 피하려고 노력할 가능성이 있다. 또한 외상에 대한 느낌을 느끼고 싶지 않아 무감각하게 보일 수도 있다.

트라우마를 떠올리게 만드는 요인들을 회피, 각성, 긴장 상태로 강한 정서적, 신체적 반응을 보이는 것은 외상 스트레스의 현저한 특징들이다. 만일 60일 이후에도 증상이 지속된다면 PTSD 평가를 받아볼 필요가 있다.

셋째. 아동 외상 스트레스는 학습에 영향을 미친다.

외상적 스트레스는 아동의 집중 및 학습 능력에 방해가 될 수 있다. 영·유아기의 스트레스 노출은 뇌와 몸의 발달을 심각하게 지연시킬 수 있다.

아동이 세상과 미래를 보는 시각과 관점이 변할 수 있고, 아동의 행동, 흥미, 가족이나 친구, 선생님과의 관계가 변할 수 있다.

학교 거부, 결석, 학업실패, 문제행동, 학교 내 제적이나 유급을 가져올 수 있다.

넷째. 다행히도 가족들, 선생님들, 주변의 어른들이 도울 수 있다.

외상 사건에 노출된 아동들이 모두 외상적 스트레스 반응을 보이는 것은 아니다. 아동의 외상 경험에 대해서 이야기하도록 따뜻하게 격려하고 매순간의 문제나 두려움을 극복하도록 돌봐주는 어른이 있다면, 그 정서적 지지를 경험하는 아이들은 대부분 회복될 수 있다.

자신의 감정과 행동을 스스로 잘 조절하고 객관적으로 바라볼 수 있는 부모님과 선생님들이 더 도움이 될 수 있다(출처: "Basic Facts about Child Trauma" The National Child Traumatic Stress Network).

외상 후 스트레스 장애의 반응으로 나타나는 것들은 침투증상 또는 재경험, 회피, 인지 또는 기분의 부정적 변화, 각성증상, 해리증상이다(조윤화·주혜선·박철옥·안현의, 2015). 침투증상 또는 재경험으로 얻은 반응은 사건에 대한 기억이 자신의 의도와 상관없이 불쑥불쑥 떠오르거나 냄새, 맛, 소리, 감정 등으로 재경험하거나 악몽에 시달리거나 충격, 놀람, 위축, 감정적인 마비, 걱정, 공포, 절망감, 성급함, 자제력 상실, 노여움, 짜증, 자신이 살아있다는 죄의식, 슬픔, 무력감, 소외감, 무의미한 느낌, 즐거움의 상실 등과 같은 심리적 신체적 강한 불편감의 반응을 일으킨다. 즐거움이 상실되면 우울증에 걸리기 쉽고 우울증으로 인해서 자살을 시도할지도 모른다.

또 각종스트레스를 받아 정신적으로 이상이 생기기도 쉬울 것이다. 외상 후 스트레스 장애로 인한 회피 반응이다. 회피 반응은 트라우마 사건의 기억을 떠올리게 하는 사람, 장소, 물건, 대화, 활동, 상황 등 외부단서를 피하는 것과 생각, 감정, 신체 감각과 같은 내적 경험을 피하는 방식이다. 회피반응의 영향은 강박적 걱정이나 물질 사용 등이 빈번하고 집중력 저하로 학업에 영향이 미치고 의사결정 능력이 손상 되며 성인이 되면 사회에 적응을 못 할 수도 있고 이러한 불안이 청소년기 이탈로 이어질 수도 있다. 또 시간 감각의 왜곡, 혼란, 기억장애, 멍한 상태, 자존감 하락, 자기비하 등의 반응을 일으킨다.

인지와 기분의 부정적 변화는 세상을 공정한 곳, 좋은 곳, 믿을만한 곳으로 생각하기 어렵고 자신을 재수 없고 믿을 수 없는 사람, 좋은 미래를 누릴 자격이 없는 나쁜 사람으로, 타인들에 대해 믿을 수 있는 사람은 아무도 없어, 또는 아무도 나를 이해할 사람이 없어와 같이 부정적으로 생각하게 된다. 기분과 정서의 변화는 죄책감, 수치심, 분노, 두려움, 공포가 지속되며 중요한 활동에 흥미나 참여가 눈에 띄게 줄어들고 대인

관계에 대해 무관심하고 거리감을 느끼고 행복감, 사랑, 만족감 등과 같은 긍정적 정서를 느끼지 못하게 된다.

마지막으로 과각성 반응이다. 과각성으로 인한 영향은 짜증 분노, 극도의 흥분, 과한 경계심 또는 조심, 과도한 놀람 반응, 충동적 행동과 자기 파괴적 행동, 피로, 수면장애, 두통, 식욕 저하, 소화기능 장애 등을 경험한다.

재난 및 위기 후의 스트레스 반응을 정서, 인지, 신체적, 대인관계적 영향을 정리하면 아래 <표 1>과 같다. 스트레스 반응을 재경험, 회피, 과각성과 같은 외상후 나타나는 스트레스 반응들로 재정리하면 다음 <표 2>와 같다.

<표 1> 재난 및 위기 후의 스트레스 반응

감정적 영향	인지적 영향
• 충격	• 집중력 손상
• 노여움, 화	• 기억장애
• 걱정, 공포	• 의사결정능력 상실
• 절망	• 불안
• 슬픔	• 혼란
• 죄의식(살아남은 것에 대한)	• 시간감각의 왜곡
• 성급함	• 사고력 저하
• 감정적인 마비	• 자기 비난
• 무력함, 자제력 상실	• 생각과 기억의 방해
• 무의미한 느낌	• 걱정
• 일상의 즐거움 상실	• 의식의 분열(꿈을 꾼 듯 하거나 멍한 상태)
신체적 영향	대인관계의 영향
• 피로	
• 불면증	• 소외감
• 수면장애	• 사회적 퇴출
• 신체의 병	• 갈등 증가
• 두통	• 근무 능력 장애
• 위장병	• 학업 장애
• 성욕의 상승/저하	• 사교적 행동 저하
• 깜짝 놀라는 반응	

소방방재청(2009) "재난피해자 심리지원 시책의 효율적 운용을 위한 기초조사·연구"

<표 2> 외상 후 스트레스 반응

재경험	회피	과각성
충격, 놀람, 위축, 감정적 마비, 걱정, 공포, 절망감, 성급함, 자제력 상실, 노여움, 화, 살아있다는 죄의식, 슬픔, 무력감, 소외감, 무의미한 느낌, 즐거움의 상실	집중력 저하, 의사결정 능력 손상, 시간 감각의 왜곡, 혼란, 기억장애, 멍한 상태, 자존감 저하, 자기비하, 업무나 학업 능력 저하	극도의 흥분, 피로, 수면장애, 두통, 식욕 저하, 소화기능 장애, 성욕의 변화

소방방재청(2009) "재난피해자 심리지원 시책의 효율적 운용을 위한 기초조사 · 연구"

　　연령에 따라 재난 및 위기반응이 달라지며, 연령별 재난 및 위기 반응을 살펴보면 다음 <표 3>과 같다. 먼저 1세~5세의 반응을 알아보자. 행동 증상은 야뇨증, 엄지손가락을 빠는 행동, 부모님에게 의존하는 버릇 재발, 어둠에 대한 두려움, 혼자 자는 것을 피하는 행동, 자주 우는 행동 등이 있다. 신체 증상은 식욕 저하, 복통, 메스꺼움, 수면장애, 악몽, 언어 장애, 틱 증후군 등의 증상이 나타난다. 감정 증상은 걱정, 두려움, 성급함, 분노, 슬픔, 허탈감 등이 있다.

<표 3> 연령에 따른 재난 및 위기 반응(1세~5세)

행동 증상	신체 증상	감정 증상
• 야뇨증, 엄지손가락 빠는 버릇, 부모에게 의존하는 버릇 재발 • 어둠에 대한 두려움 • 혼자 자는 걸 피함 • 잦은 울음	• 식욕 저하 • 복통 • 메스꺼움 • 수면 장애, 악몽 • 언어 장애 • 틱 증후군 Tics	• 걱정 • 두려움 • 성급함 • 분노 폭발 • 슬픔 • 허탈감

소방방재청(2009) "재난피해자 심리지원 시책의 효율적 운용을 위한 기초조사 · 연구"

6세~11세의 행동 증상은 학업 성적 하락, 집과 학교에서 공격적인 행동, 지나치게 활동적이거나 바보 같은 행동, 우는 소리를 내거나 매달리거나 어린 아이처럼 행동하거나 부모의 관심에 대한 어린 형제와의 경쟁심이 증가되는 증상이 있다. 신체 증상에는 식욕 변화, 두통, 복통, 수면 장애, 악몽의 증상이 나타나고 감정 증상은 학교 기피, 친구와 친숙한 활동 회피, 분노, 재난과 안전에 강박적으로 몰두하는 증상 등이 나타난다. <표 4>

<표 4> 연령에 따른 재난 및 위기 반응(6세 ~ 11세)

행동 증상	신체 증상	감정 증상
• 학업 성적이 떨어짐 • 집과 학교에서 공격적인 행동 보임 • 지나치게 활동적이거나 바보 같은 행동을 함 • 우는 소리를 하거나 매달리거나 어린 아이처럼 행동함 • 부모의 관심에 대한 어린 형제와의 경쟁심 증가	• 식욕 변화 • 두통 • 복통 • 수면 장애와 악몽	• 학교 기피 • 친구와 친숙한 활동에서 회피 • 분노 폭발 • 재난과 안전에 강박적으로 몰두

소방방재청(2009) "재난피해자 심리지원 시책의 효율적 운용을 위한 기초조사 · 연구"

12세~18세의 반응은 행동 증상에는 학업 성적 저하, 집과 학교에서의 반항, 이전의 책임감 있는 행동 쇠퇴, 흥분, 에너지 수준 및 감정의 감소, 직무태만 행위, 사회적 퇴행 등이 있다. 신체 증상은 식욕 변화, 두통, 위장 장애, 피부 발진, 경미한 통증과 고통 호소, 수면 장애 등이 있고 감정 증상에는 또래사회활동, 취미, 여가 활동에 대한 관심이 없어지고 슬픔과 우울증, 권위에 대해 저항, 무력감의 감정을 보인다. <표 5>

<표 5> 연령에 따른 재난 및 위기 반응(12세 ~ 18세)

행동 증상	신체 증상	감정 증상
• 학업 성적이 떨어짐 • 집과 학교에서의 반항 • 이전의 책임감 있는 행동쇠퇴 • 흥분, 에너지 수준 및 감정의 감소 • 직무태만 행위 • 사회적 퇴행	• 식욕 변화 • 두통 • 위장 장애 • 피부 발진 • 경미한 통증과 고통 호소 • 수면 장애	• 또래 사회활동, 취미, 여가 활동에 대한 관심 상실 • 슬픔과 우울증 • 권위에 저항 • 무력감

소방방재청(2009) "재난피해자 심리지원 시책의 효율적 운용을 위한 기초조사 · 연구"

아동이 트라우마를 극복할 수 있는 방법은 부모들이 도와주는 것도 중요하지만 아이들이 스스로 노력해서 트라우마를 극복하는 것이 가장 중요하다. 먼저 아동이 트라우마를 받아들일 수 있도록 해주고 정서적 안정을 위해 달래주어야 한다. 어떤 일이 있더라도 아동들이 자신을 미워하거나 비난하는 일이 없도록 하며 부모는 아동에게 과거에 겪은 일은 예기치 않은 일이라고 설명을 해준다. 그리고 트라우마를 정확하게 인지하고 정리할 필요가 있다. 아동들은 사건 자체를 아동들의 내면에서 없애 버리는 경우가 많다. 이를 회피반응이라 한다. 아동들은 과거에 있었던 일을 기억조차 하기 싫기 때문이다. 하지만 트라우마는 피하면 피할수록 더욱 극복하기 어려워진다. 아동들 스스로 트라우마를 마주하고 그 원인이 무엇인지부터 정확하게 인지하는 것이 도움이 된다.

트라우마 영역에는 증상을 유지시키는 심리적 기제영역과 트라우마 관련 심리적 증상영역이 있으며, 두 영역은 상호 관련성이 있다. 전자를 트라우마 심리치료 목표영역이라 하며, 후자를 심리치료 전략영역이라 한다. 증상을 유지시키는 심리적 기제영역인 외상적 기억을 정리하고 살펴보는 것이 과거의 기억에서 벗어나는 가장 좋은 방법이라고 생각한다. 그래서 트라우마 치료적 과정에서 우선 불안, 우울과 같은 심리적 증상영역의 심리적 장애가 신체적 불편함을 동반하는지 신체적 불편함의 원인이 되는 사건의 기억은 무엇인지를 탐색할 필요가 있다. 이 과정을 사례개념화라고 하며, [그림 1]

사례개념화 과정에서 평가 및 치료계획이 완성되면 정서적 안정과 안전감을 느끼기와
같은 안정화 단계의 작업이 필요하다. 이 단계에서 트라우마 기억은 다룰 수 없고 신체
적 안전확보, 치료자에 대한 심리적 안전감, 심리교육과 안전대처 기술, 정서조절 기술,
대인관계 기술 같은 기술훈련을 목표로 하고 Self-Care 능력이 필요하다. 트라우마가
있는 내담자를 위한 치유 과정을 그림으로 표현하면 다음과 같다(조윤화, 주혜선, 박철옥, 안
현의, 2015). [그림 2]

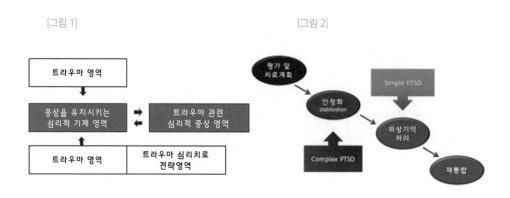

[그림 1]　　　　　　　　　　　　　　　　　　　　[그림 2]

내담자가 정서적으로 안정감과 상담 장면에서 안전감을 얻게 된 후 외상기억처리
과정을 진행하게 된다. 안정화 단계에서 내담자가 얻어야할 가장 기본적인 능력은 감
정에 압도되는 경험과 이 경험들이 어떻게 촉발되는지, 감정을 느낄 때 떠오르는 생각
알아차리기와 자기 돌봄 기술 등이다. 이러한 능력이 부족할 때 내담자는 자기 비판적
이 되기 쉽고 자신의 지각이나 감정을 믿지 못하게 되며 따라서 자신이 원하는 것을 표
현하고 적절하게 경계를 만드는 것이 힘들어진다. 대인관계나 직업을 구하고 유지하는
기술이 부족하여 술, 마약, 자해를 정서조절 방법으로 사용하거나 폭력, 유사거짓말, 절
도, 물질 남용과 같은 일탈행동으로 이어질 수 있다. 아동기 이전부터 지속적인 학대나
유기와 같은 경우 복합적 트라우마로 이어지며 이 같은 경우 안정화 단계가 매우 길어
질 수 있다.

기억처리 작업은 암묵적 기억과 기억의 통합이다. 이 과정에서 촉발자극이 빈번해
지므로 일상생활에 변화가 유발될 수 있어 치료자는 안전을 위한 세심한 계획이 필요

하고 내담자는 치료자와의 단단한 관계가 필수적이다. 기억작업 과정에서 내담자는 불편감과 두려움을 극복해야 하며 치료자의 적극적 지지가 이 불편감과 두려움을 극복하는 데 도움이 된다.

외상기억 처리 후에 내담자는 심리적 재통합을 위해 인지 재구성과 각성 수준의 조절 능력이 필요하다. 강렬한 분노, 죄책감, 수치심, 상실감, 무기력 등이 인지재구조화로 비현실적이거나 극단적으로 과장되거나 강한 감정을 변화시키도록 말로 이야기 나누고 몸으로 느껴보는 작업이 필요하다. 이후 모든 극단적 상황이 내 잘못이 아님을 인지하고 상황을 이해하고 수용하거나 가해자를 용서하며 슬픔과 상실감을 있는 그대로 받아들이고 느끼며 각성수준의 조절과 현실직면으로 현실적 문제 해결력이 증가하면 상담은 마무리 될 수 있다.

이 모든 과정에서 내담자와 함께하는 치료사는 아동으로 하여금 현재 순간과의 접촉하는 마음챙김 방법 등은 의미있는 치유의 방법이다(Kelly G. Wilson, Troy DuFrene, 2009; 박경·이선영 역, 2013). 현재 접촉의 실패는 개인을 둘러싼 환경이 내담자에게 어떠한 영향도 미칠 수 없으며 걱정과 반추가 앞서게 된다. 걱정은 자신의 주의를 개념화된 미래에 두는 것이고 반추는 자신의 주의를 개념화된 과거에 고착되는 것이다. 마음은 신비로운 것이며 자기 마음과의 만남 즉 기도를 통한 치유는 신체에 대한 전체성이 작용한 것으로서 제3시대의 치유법으로 권장하고 있다(Joan Borysenko, Miroslav Borysenko, 1994; 장현갑·추선희·김종성 역, 2005). 방법적인 것은 명상하는 마음이다.

자신의 내면을 직면하는 힘과 일어나는 마음과 본래 마음의 특성을 이해시키고 끊임없이 마음을 알아차리고 대조하는 방법들을 알게 하는 것을 병행하는 것은 의미있는 방법이라고 생각한다(장하열, 2015년 전문기활용자료). 또한 복합적 트라우마가 있는 내담자의 불운한 환경들을 마주해야하는 치료자들 문제는 간접 외상의 문제다. 치료자로 하여금 자신의 마음을 알아차리는 과정(집심, 관심)을 병행하게 하여 처리(무심, 능심)하게 하는 능력을 갖게 한다면 간접외상으로 인한 치료자의 고통을 스스로 알아차리고 감소시키는 데 도움이 될 것으로 판단된다. 미국은 9.11 사건 현장에 있었던 사람들에게 정신과 치료를 받을 수 있는 권한을 주었지만 많은 사람들은 정신과 치료를 받기 보다는 마사지, 침, 명상과 같은 방법을 더 많이 이용하고 효과를 보았다고 정리하고 있다. 왜냐

하면 트라우마란 몸이 기억하고 있기 때문에 마음보다 몸이 먼저 반응하는 것이다.

따라서 몸이 기억하고 있는 억압된 기억을 저항 없이 표현하는 방법으로 미술활동은 매우 의미 있는 방법으로 사료된다. 왜냐하면 미술은 정서적 자기표현이며 손을 활용하여 신체적 활동들로 이루어지기 때문에 저항과 방어가 없는 표현이 가능하기 때문이다. 그러나 미술활동을 통해 치유를 진행하는 과정에서 치료자들은 오랜 자기 훈련이 필요하고 매 회기마다 또는 사례에 대한 수퍼비전이 필요하지만 이를 간과하고 상담을 진행하는 경우도 많아 치료자의 정서와 견해가 왜곡 되는 경우 매우 심각한 오류를 범할 수 있으며 치료자 자신의 자기 치유를 위한 방법으로 명상, 마음 알아차림(마음대조)과 같은 방법을 병행하면 위험을 줄일 수 있다고 생각되지만 이 부분에 대해서는 많은 경험적 연구가 필요하며 본 프로그램을 개발하는 데 있어서 구체화하는 데 한계를 느끼기도 한다. 그리하여 정서적 안정 속에서 기억을 떠올리고 정리하며 과거 기억에서 벗어날 수 있는 의미있는 방법으로서 미술활동을 통한 방법을 우선 정리해보고자 한다.

CHAPTER 04

아동 트라우마 내담자를 위한 미술치료 효과

미술치료가 외상 후 스트레스의 외상적 치료에 유의미한 효과가 있다는 견해는 여러 학자들에 의해 언급되었다. 미술이 시각적 언어로서 의사소통 역할을 하기 때문에 미술치료에서 미술 경험을 함으로서 자기표현, 갈등해소, 정서적 보상을 얻게 된다고 언급하며, 미술치료가 자기문제에 고착되어 있으며, 외부세계와의 접촉이 어려운 정신적 상처를 입은 사람에게 적합하다고 주장한다(이재연 외, 2006).

미술 표현은 말로 표현하기 어려운 외상 후 스트레스로 강력하고 파괴적인 공포와 불안 같은 감정을 표출하도록 돕는다. 심리적 외상 사건을 객관적이고 수용적으로 바라 볼 수 있어서 재구성하고 일시적인 상실, 혼돈과 같은 정체성과 관련된 부분도 통합하여 외상의 기억들의 잔재 상황을 극복하고 감정을 통합하는 데 도움을 주어서 심리적 외상과 연관된 정서장애를 회복하도록 도울 수 있다.

미술치료는 성적학대, 가정폭력, 전쟁과 테러, 의료외상 등 다양한 유형의 외상 후 스트레스의 심리적 외상 치료에 효과가 있음이 보고되었으며, 그 유용성이 강조되고 있다. 외상 후 스트레스 대상으로 접근되어진 미술치료가 갖는 주요한 치료적 기제는 다음과 같은 7가지의 주요한 기제로 분석해 제시할 수 있다(Colhe 등, 2006).

첫째, 미술 작업을 통한 소통은 외상의 함축적이고 진술적인 기억을 안전하게 표현하고 재구성하는 데 비언어적 형태의 의사소통 역할을 한다. 둘째, 구체화 작업은 이미 지나 작품의 형태로 객관화함으로서 자신의 외상적 경험에 대해 감정적으로 거리를 두고 바라보면서 자기개념의 전환으로 외상 경험의 통합을 돕는다. 셋째, 진행적 노출은 미술이라는 상징적인 형태로 외상 기억을 드러내고 표현하기 때문에 언어적 노출보다 덜 위협적이고 더 쉽게 완화된 형태로 접근 할 수 있다. 넷째, 미술작업을 통하여 명상 적으로 경험되어지고 창조적 과정은 은유적이고 상징적 형태로 이루어지기 때문에 외상경험에 직접적이지 않고 각성의 단계를 변화시켜 감정의 이완을 돕는다. 다섯째, 긍정적 감정의 재활성화로 미술 작업 시 창조적 표현을 통해 기쁨과 만족을 얻을 수 있으며 새로운 동기부여를 한다. 여섯째, 정서적 자기효능감 강화로 위협적이고 고통스런 정서를 표현할 수 있도록 하는 과정으로 통제 능력을 가져다준다. 일곱째, 자존감 향상으로 미술치료에서 그룹에서 외상 경험에 대한 갈등과 수치심, 공포, 불안과 같은 감정들을 솔직하게 표현할 수 있고, 비판하지 않고 수용적으로 바라봐 주는 그룹 원들을 통해서 이해되어지는 경험으로 자존감 향상에 도움이 된다(이승희, 2010).

특히 성폭행의 경우와 같이 말로 표현하기 힘든 상황을 미술 매체를 이용하여 피해자 자신의 불안하고 억압되었던 무의식적 감정들을 표출하고, 가해자의 행동과 범행 당시에 관한 정보를 제공해 주며 성폭력 상황에 대한 증거 자료가 될 수 있다(이숙민·송순, 2018). 미술 매체를 활용한 상담 사례 선행연구에 의하면 최금란과 김갑숙(2004)의 연구에서 사례연구 결과 성폭력 피해 지적장애아의 불안감을 해소시켜 정서적 안정을 부여하였고 자존감향상에 긍정적 영향을 미친 것으로 나타났다. 조정자와 김동연(1996)의 연구에서 상담결과 성학대 피해자는 성격이 활발해지고 학교생활도 원만해졌으며, 의붓아버지에 대한 두려움, 적개심이 감소한 것으로 나타났다. 전영희(2007)의 연구에서는 성학대 피해아동의 외상후 스트레스로 인한 문제행동이 감소되고 자존감을 향상 시키는 데 도움이 되었다고 하였다.

아동에게 그림은 여러 가지 이야기들을 말하고 표현하는 방법일 뿐 아니라 그들을 둘러싸고 있는 주변세계에 대한 그들만의 독특한 견해를 전달해 주는 수단이기도 하다. 특히 정신적 외상을 지닌 아동들은 스스로 비난이나 자책감 혹은 우울증에 시달리고, 변화를 시도하지 못하는 무기력한 자신을 느낀다. 아동이 자신에게 큰 문제가 있다고 생각할 때 자신을 개선시키거나 자신에 대한 긍지를 가지기가 매우 힘들다. 그런 점에서, 그림이나 다른 예술 활동을 통해서 문제 자체를 아동 자신으로부터 분리시킨다는 것은 그들을 억누르는 감정들로부터 해방시키는 하나의 방법이다(한국미술치료학회, 1998).

이러한 장점을 가진 미술치료를 이용하여 진행된 최근의 선행연구들에서도 백윤정(2009), 이은진과 이상복(2007)은 각각 PTSD 아동에게 미술치료를 적용하여 불안 및 문제행동 완화와 공격성, 불안이 감소되었음을 밝혔다. 또한 노미연(2006)과 박선영(2013)은 교통사고 PTSD를 겪은 아동에게 미술치료를 실시하여 아동의 부정적인 신체이미지 개선과 정서 조절에 도움이 되었음을 확인하였다. 이처럼 미술치료는 외상으로 인한 증상과 불안과 자기표현에 문제를 겪는 PTSD 아동에게 치유적 효과가 있음을 보고하였다(신유정, 2014). 그러나 위의 선행 연구들에서는 외상적 사건들로 인한 심리적 증상이나 영향들을 미술치료 활동으로 접근하였기에 트라우마에 대한 진단과 평가를 통한 일련의 과정들을 단계별로 적절한 미술치료 활동들을 찾아 프로그램을 구성하고 진행절차를 안내할 필요성을 느꼈다.

본 프로그램에서는 트라우마의 초기 안정화 단계와 두번째 기억처리 단계에서 트라우마로 인한 외현기억과 암묵기억의 통합 처리 문제와 트라우마 관련 인지 재평가에 대한 미술활동들을 어떻게 구성해야할지에 대해 고심하였다. 연구자들의 경험에 바탕하여 트라우마 치료에 적합한 미술활동 프로그램을 구성해보고자 하였다. 마지막 재통합 단계에서의 삶의 목표와 기술들을 재구성하고 통합하는 문제들은 각성수준 조절 단계에서 다루어지도록 하였다.

04

트라우마가 있는 아동을 위한 미술치료 프로그램

Art Therapy Program for Children with Trauma

프로그램 개요

~~~~~~~~~~~~~~~~

위와 같은 이론적 배경에 의해 본 프로그램의 구성은 4단계로 구성하였다. 첫 번째는 평가와 치료계획이다. 1회기에서 10회기까지 구성했으며 내담자에 대한 초기 평가치료계획과 트라우마 안정화단계로 구성하였다. 두 번째는 11회기에서 34회기까지 트라우마 기억처리단계로 구성하였다. 세 번째는 종결을 위해 재통합이 필요하였다. 재통합은 35회기에서 44회기까지 트라우마에 대한 인지 재구성으로 구성하였다. 마지막은 종결기로 트라우마에 대한 각성수준 조절이다. 45회기에서 57회기로 구성하였다.

CHAPTER 01

단계 1. 트라우마 내담자 초기 평가 및 안정화단계

① 초기 치료목표

미술치료 프로그램을 통한 위기수준 점검 및 위기관리 전략 모색으로 신체적 안전을 확보한다. 안전감과 신뢰감 확보로 치료 구조화를 한다.

② 초기 미술치료 프로그램은 다음과 같다.

1회기: 생활양식 평가 ⇨ 초기 회상

초기 회상은 내담자가 회상하는 특정한 사건으로 아동기의 사건에 동반된 감정과 사고를 끌어온다. 초기 회상은 내담자를 깊이 이해하는 데 유용한 정보를 제공한다 (Mosak & Di Pietro, 2006).

목표
초기 회상은 생활양식 측정이며 내담자의 목표와 동기에 대하여 이해하는 데 목적을 둔다.

① 한 사람의 살아가는 양식은 개인이 안정되고 지속적으로 삶에 머무를 수 있도록 돕는다.
② 아동내담자가 원하는 결과와 탄력성 있는 생활양식을 가져오도록 하는 데 초점을 둔다.
③ 경험을 왜 기억하고 있고, 경험들이 자신, 타인, 현재의 삶을 어떻게 바라보는지 잘 못된 신념, 현재의 태도, 사회적 관심, 가능한 미래행동을 명백히 알 수 있다.

준비물
도화지, 연필(HB 또는 4B), 지우개

활동방법
도입(10분): 인사나누기를 통해 내담 아동의 어린시절에 대한 추억이나 경험에 대한 이야기를 나눈다.

활동(30분)
① 눈을 감고 어린 시절로 돌아간다.
② 고등학교 시절에 있었던 일들을 회상해 본다.
③ 중학교 시절에 있었던 일들을 회상해 본다.

④ 초등학교 시절에 있었던 일들을 회상해 본다.

⑤ 유치원 시절에 있었던 일들을 회상해 본다.

⑥ 가장 어린 시절에 있었던 일들을 회상해 보고 가장 어린시절 기억의 조각 중 한 가지를 선택하여 화지에 그림을 그린다.

⑦ 시간은 제한하지 않는다. 아동 내담자가 그리는 도중에 하는 질문에 대해서는 "그리고 싶은 대로 그리세요."라고 말한다. 그림을 완성한 후에는 그림의 애매한 부분을 명확하게 하기 위해 질문을 통해 확인한다.

⑧ 그 기억에 내담자는 어떤 역할을 맡는가? 내담자는 관찰자인가? 아니면 참여자인가? 질문한다.

⑨ 그 기억 속에는 다른 사람 누가 있는가? 내담자는 그들과 어떤 관계인가?

⑩ 기억들의 전반적인 방식과 중심 주제는 무엇인가?

⑪ 기억들 속에서 표현된 감정들은 무엇인가?

⑫ 내담자는 왜 이 사건을 선택하여 기억하는가? 내담자가 전달하고자 하는 것은 무엇인가? 질문을 한다.

마무리(10분)

① 이야기를 만들고 제목을 붙이도록 한다.

② 검사 후 각각의 그림이 무엇을 표현한 것인지, 어떤 느낌인지를 질문한다.

③ 내담 아동의 생활양식과 관련하여 탐색할 수 있도록 한다.

활동사진

※ 참고도서

Mosak & Di Pietro(2006). Early Recollections:Interetative Method and Application.

2회기: 심리적 안정 ⇨ 발테그 묘화검사

발테그 묘화검사(Wartegg-Zeichentest: WZT)는 Ehring Wartegg가 개발한 검사이며, 동료인 August Vetter가 발테그 묘화검사와 필적을 분석하였다(Lallemant, 1978). 이후 Ave-Lallemant가 지속적으로 연구하였다. 이 검사는 자극의 감각적 수용과 자극에 대한 충동적 반응간의 관계를 측정하려는 데 목적이 있다.

목표

자극도에 대해 내담자가 어떠한 인상을 받고, 무엇을 그려내는가를 살펴봄으로써 그 자극도와 연결된 주제에 대한 내담자의 반응이나 태도를 이해할 수 있다.

기대효과

① 신뢰감과 친밀감을 형성시킬 수 있다.
② 아동의 정보를 파악할 수 있다.

준비물

8개의 사각형이 그려진 WZT 용지, 연필(HB 또는 4B), 지우개

활동방법

도입(10분): 인사나누기를 통해 내담 아동의 정서를 관찰하고 손쉬운 놀이나 게임으로 안정감을 줄 수 있는 워밍업 시간을 갖는다.

활동(30분)

① 지시문은 다음과 같다.

    "8개의 테두리 안에 모두 무엇인가를 그려주세요."

② 각각의 테두리 안에는 자극도가 그려져 있지만, 이 자극도를 사용하여 그림을 그리도록 지시해서는 안 된다.

③ 순서대로 그리도록 하는데, 그리기 힘든 것은 나중에 그릴 수 있도록 하되, 가장 마지막에 그린 것이 무엇인지는 기록해 둔다.

④ 시간은 제한하지 않는다. 아동 내담자가 그리는 도중에 하는 질문에 대해서는 "그리고 싶은 대로 그리세요."라고 말한다.

⑤ 그림을 완성한 후에는 그림의 애매한 부분을 명확하게 하기 위해 질문을 통해 확인한다.

마무리(10분)

① 이야기를 만들고 제목을 붙이도록 한다.

② 검사 후 각각의 그림이 무엇을 표현한 것인지, 어떤 느낌인지를 질문한다.

③ 내담 아동의 생활상황과 관련하여 탐색할 수 있도록 한다.

진단기준(Lallemant, 1978)
자극도의 주제와 반응

준거		해석
활용 유무		자극도를 활용하지 않은 경우는 내면의 심리적 고통이나 갈등으로 인하여 외부 자극에 민감하게 대응하지 못하고 있는 상황
자극도의 성질	1, 2, 7, 8	곡선적인 반응이나 생물이 그려지는 경향
	3, 4, 5, 6	직선적인 반응이나 사물이 그려지는 경향
자극도의 주제	자극도 1	중심성, 자기, 자아
	자극도 2	움직임, 감정
	자극도 3	상승, 의욕, 노력
	자극도 4	무게, 곤란, 문제성
	자극도 5	긴장, 능력
	자극도 6	완전성, 통합
	자극도 7	감수성, 민감성
	자극도 8	안정

자극도의 특징	자극도 1	중심적, 집약적
	자극도 2	유동적, 부동적
	자극도 3	상승 경향, 엄격성, 규칙성
	자극도 4	중량감, 무의식 영역
	자극도 5	갈등, 긴장감
	자극도 6	통합, 전체성
	자극도 7	섬세함, 민감함
	자극도 8	편안하고 느긋함, 배려

그림의 양식

준거	해석
형식적인 양식	문양으로 표현한 경우, 방어적이거나 자기 주장적인 성향
요점적인 양식	사물로 표현한 경우 이성적인 성향
회화적인 양식	한 장면의 그림으로 표현한 경우, 감정적인 경험의 표현
상징적인 양식	다른 양식과 함께 표현 한 경우, 심리적 갈등의 표현

필적의 수법

① **한줄 긋기 필적:** 의지력이 강하고 자기 통제를 할 수 있는 사람

② **움직임이 있는 필적:** 인생에서의 신뢰나 인생의 바이오리듬 표현

③ **안정적인 필적:** 자신이 해야 하는 것을 명확하게 알고 있음을 시사

④ **불안정한 필적:** 자신에 대한 신뢰를 잃음

⑤ **이어진 필적:** 목표를 향해 곧장 전진을 좋아함

⑥ **분단된 필적:** 재고하고 다시 그리기를 시작하는 사람

필적의 형태

① **섬세한 필적**: 의지력이 약하고 수동적이며 감수성이 우위를 차지한다.

② **부드러운 필적**: 감각적인 요소를 갖고 있으며 감각적이고 관능성이 우위를 차지

③ **날카로운 필적**: 힘이나 행동 등의 성질이 우위에 있다. 자기 자신을 통제하고 자신
　　　　　　　을 이끌어 갈 수 있는 어느 정도의 이성적 능력이 있다.

④ **확고한 필적**: 에너지가 넘치며 매우 자발적이며 본능적인 경향이 있다.

⑤ **필적에 나타난 장애징후**:

▶ **연약한 필적** – 불안하고 과도한 감수성, 지나치게 상처받기 쉬운 성질을 갖고 있는
　　　　　　　과민성을 시사한다.

▶ **무른 필적** – 더러워진 진흙처럼 번져 보이며 지나치게 감각적인 수동성, 이성적인 조
　　　　　　절을 상실해버린 불안정한 이들에게 자주 나타나며 추종자가 되기 쉽다.

▶ **딱딱한 필적** – 그린 선이 가늘고 상당히 강한 힘이 들어있어 의지력이 너무나 지나
　　　　　　　치게 강해서 냉정한 통제력이 팽팽하게 긴장되어 있다.

▶ **납작한 필적** – 그린 선이 두껍고 강한 힘이 들어있어 방향을 잃어버린 충동성, 무제
　　　　　　　한의 본능이며 독선적, 충동적, 돌발적, 제멋대로이며 통제되지 않은
　　　　　　　행동을 나타낸다.

▶ **검게 고착화된 필적** – 심리적 갈등, 또는 물건과 장소에 대한 무의식적인 집착, 현
　　　　　　　　재 진행 중인 갈등을 나타낸다.

▶ **잘게 잘려진 필적** – 신경질적인 자기제어

▶ **완전히 조각이 난 필적** – 자기 성찰의 수단으로 이용, 분단된 필적이 더 과격해진
　　　　　　　　　것이므로 지나치게 자기성찰을 한 결과 선을 연결해서 그
　　　　　　　　　을 수가 없으며 신경질적인 자기제어를 시사한다.

표면이나 평면 다루기

① **그림자를 붙인다**: 정서적이고 관능적인 감수성의 표현, 정서적이고 관능적인 감수
　　　　　　　성이 있는 사람임을 나타낸다.

② **보풀을 일게 한다**: 적으로 경험한 내용을 이성적으로 이해하려고 하는 표현과 욕

구, 날카롭고 확실한 필적으로 한줄 긋기 식으로 줄무늬 놓은 것도 보풀로 간주한다.

③ **윤곽을 그린다:** 이성적인 통제표현, 별이 갖고 있는 특성을 그리거나 섬세한 파도를 보호하기 위해서 수평선을 날카로운 연필로 그리려고 할 경우 나타난다.

④ **어둡게 한다:** 강한 감정이나 정서의 표현이며, 특히 어린아동들에게도 색칠을 하게 하는 대신에 그리게 하는 경우도 있다.

⑤ **거칠게 한다:** 접촉이 어렵다는 표현, 비교적 조화성이 없는 방식으로 한줄 긋기를 그린 경우이며 나무 검사의 줄기가 나타내는 대인접촉문제를 의미한다.

활동사진

[그림 3] 원본첨부

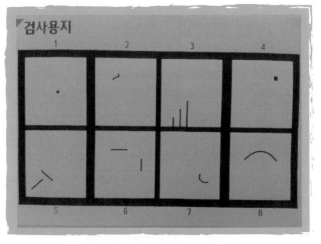

[그림 5] WZT(초등학교 1학년 남)

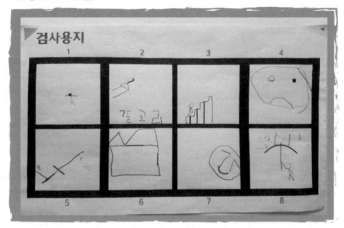

위의 아동은 학교에서 수업시간에 이상한 소리를 내고 의자를 까딱까딱 흔들거리며 소리를 내서 다른 친구들에게 피해를 준다는 지적을 받았다고 한다.

① **사람**: "점, 이렇게 동그라니까 졸라맨."

② **갈고리**: "갈고리에요. 갈고리 모양처럼 생겼어요. 손 한 쪽이 없어요."

③ **계단**: "계단에 층이 져서 약간 좋아요. 약간 깜깜하니까. 저는 공포스러운 것을 좋아해서요. 엘리베이터는 심심해요."

④ **사람 얼굴**: "사람 얼굴, 네모난 모양, 장애인은 아니에요. 표정이 놀라서 그래요."

⑤ **액스칼리버**: "졸라맨이 칼을 잡고 있는 모양, 옛날 칼은 이렇게 되어있어요."

⑥ **집**: "별장, 넓다."

⑦ **눈물 흘려요**: "사람이 감동 받아서 눈물을 흘려요. 영화 '집으로'를 봤어요."

⑧ **우산**: "둥근 모양이니까, 비는 많이 오면 싫어요, 학교 갈 때 하천이 넘쳤어요."

그림 그릴 때의 느낌: "느낌은 칸이 작아서 좀 답답하기는 했지만… 답답했어요."

가장 마음에 드는 그림: "3번이 가장 마음에 들었어요."

마음에 안 드는 그림: "4번이요. 약간 못생겨보여서요."

※ 참고도서

Lallemant, A. U. (1978). *Der Wartegg-Zeichentest in der Jugend-Beratung*(German Ed.) Ernst Reinhardt verlag München Basel.

전영숙, 김현숙, 유신옥 역(2011). 심리상담과 미술치료를 위한 발테그 그림검사. 대구: 이문출판사.

3회기: 라포형성 ⇨ 내 몸을 그려보아요

자신의 신체상을 그리고 탐색하는 과정을 통해 내담자는 신체상에 표현된 시각화된 트타우마를 개인내적 표상을 평가하는 데 유용하다.

목표
자아 신체상을 그리고 자신의 개인내외적 상처를 관찰 할 수 있다.

기대효과
① 그림을 통해 신체화 증상을 시각적으로 진단 할 수 있다.
② 사전사후 자신의 신체상 그림을 통해 치유의 효과를 진단할 수 있다.

준비물
8절지, 연필, 지우개, 크레파스, 색연필, 사인펜

활동방법
도입(10분): 인사나누기를 통해 지난 시간의 이후와 이 시간까지의 내담 아동의 정서를 파악한다. 자신의 모습을 거울에 비추어 본다.

활동(30분):
① 자신의 신체 부위를 관찰한다.
② 화지에 자신의 전신 신체를 그린다.
③ 신체 어느 부위가 불편한지 불편하거나 아픈 부분을 표시한다.
④ 그림을 완성하고 현재 불편한 부위가 잘 표현되었는지 살펴본다.

* 마무리(10분):
① 다 완성된 후 느낌을 말해보고, 다양한 신체표현의 형태가 있다는 것과 다르다는 의미에 대해 생각해 볼 수 있게 한다.

② 작품을 완성한 후에는 그림의 애매한 부분을 명확하게 하기 위해 질문을 통해 확인
   한다.

③ 이야기를 만들고 제목을 붙이도록 한다.

④ 작품에 대한 내담 아동이 어떠한 느낌인지를 질문한다.

⑤ 내담 아동의 생활상황과 관련하여 탐색할 수 있도록 한다.

활동사진

※ 참고도서
이숙민·송 순(2018). 성폭력피해 청소년의 정서안정감, 자아탄력성, 자아존중감 향상을 위한 인간중
심미술치료 사례연구. 디지털융복합연구 16(2), 358-402.

4회기: 라포형성 ⇨ 동물 친구들

동물 친구화는 동물들의 상징을 통해 내담자 아동 또래 인물에 대한 인지와 갈등에 대한 정보를 얻을 수 있으며 개인내적 표상을 평가하는 데 유용하다.

목표
꾸며진 이야기와 그림을 통해 내재된 욕구를 통찰한다.

기대효과
① 신뢰감과 친밀감을 형성시킬 수 있다.
② 친구들 간의 관계를 파악하고 자기상을 탐색할 수 있다.

준비물
8절지, 연필, 지우개, 크레파스, 색연필, 파스텔, 색도화지, 머메이드 지, 색종이, 가위, 풀 등

활동방법
도입(10분): 인사나누기를 통해 지난 시간의 이후와 이 시간까지의 내담 아동의 정서를 파악한다. 동물의 소리를 듣는 도구를 이용하여 동물의 이름 맞추기로 위밍업 시간을 갖는다.

활동(30분):
① 내가 동물로 변한다면 어떠한 동물로 변하고 싶은지, 내 주변 친구들은 어떤 동물로 변화 시키고 싶은지를 생각하는 시간을 갖는다.
② 8절지에 자기 자신을 포함한 자신의 친구들을 동물에 비유하여 연필로 그려보도록 한다.
③ 그릴 때 누구를 제일 먼저 그리는지 위치와 크기 등을 유심히 살핀다.

④ 다 그리고 나면 어떤 친구가 어떤 동물이고 그렇게 생각한 이유를 서로 말해보고 누구와 친한지도 말해본다.

⑤ 각자 이야기가 끝나면 동물 친구들을 색칠하고 가위로 오린다.

⑥ 연두색이나 황토색 도화지 중 선택하게 하여 동물가족이 쉴 수 있는 보금자리를 꾸며보는 시간을 가진다.

⑦ 색종이와 머메이드지를 이용하여 나무나 풀을 만들어 붙이고 집도 그리거나 색종이로 접어 붙여서 자유롭게 꾸며본다.

* 마무리(10분):

① 다 완성된 후 느낌을 말해보고, 친구들이 다양한 동물로 표현되었고 그 모습이 다르다는 의미에 대해 생각해 볼 수 있게 한다.

② 작품을 완성한 후에는 그림의 애매한 부분을 명확하게 하기 위해 질문을 통해 확인한다.

③ 이야기를 만들고 제목을 붙이도록 한다.

④ 작품에 대한 내담 아동이 어떠한 느낌인지를 질문한다.

⑤ 내담 아동의 생활상황과 관련하여 탐색할 수 있도록 한다.

활동사진

[그림 기] 동물 친구들(유치원 7세, 남)

[그림 8] 동물 친구들(유치원 7세 남)

① **김○○(황토색 사슴)**: 착한 아이. 나보다 작다. 사슴을 좋아한다. 핑크색 좋아한다.

② **최○○(갈색 지렁이, 초록색 달팽이)**: 개구쟁이. 착할 때, 가끔 때릴 때도. 나보다 작다.

③ **이○○(핑크색 토끼)**: 작다, 울 때가 너무 많다. 술래잡기 하다가 운다.

※ 참고도서
이숙민·송순(2018). 성폭력피해 청소년의 정서안정감, 자아탄력성, 자아존중감 향상을 위한 인간중심 미술치료 사례연구. 디지털융합연구 16(2), 385-402.

5회기: 행동탐색 ⇨ 동물가족화

동물 가족화는 동물들의 상징을 통해 내담자 아동의 가족 인물에 관한 인지와 갈등에 대한 정보를 얻을 수 있으며 개인내적 표상을 평가하는 데 유용하다.

목표
가족의 성격 특성 및 가족 간의 역동성을 파악한다.

기대효과
① 가족을 상징 동물로 나타내서 가족들의 관계, 그 속에서 나의 존재를 알아볼 수 있다.
② 자기상을 탐색해볼 수 있으며 자신이 생각하는 무의식적인 성역할을 알 수 있다.

준비물
동물도안 4장, 사인펜, 도화지, 색연필, 가위, 풀

활동방법
도입(10분): 인사나누기를 통해 내담 아동의 정서를 확인한다. 최근 2주 동안 행복하거나 슬픈 사건에 대한 이야기를 나누며 가족의 체계에 대한 프로그램 워밍업을 실시한다.

활동(30분):
① "옛날이야기 속에서 자주 동물이 사람으로 변하기도 하고, 사람이 동물로 변하기도 하지요. 자, 가족이 동물로 변했다고 상상해 보세요. 가족을 어떤 동물로 표현할 수 있을까요? 자신은 물론 가족을 동물로 찾아오려 붙여보세요."
② 가족구성원의 성격, 역할, 가족 내에서의 위치 등을 생각하게 한다.
③ 가족을 동물도안으로 꾸며보도록 한다.
④ 그림을 꾸민 후 꾸민 순서와 그림 속의 인물이 누구인지에 대해 적게 한다.

이야기(10분):

① 그 후 작품에 대해 "당신이 꾸민 작품에 대해 설명 좀 해 주시겠어요?"

② 관련된 질문을 하고 아이의 반응에 대해 서로 이야기를 한다.

주의사항

① 자신이 꾸미고 싶은 대로 자유롭게 꾸미도록 한다.

② 모양이나 크기, 위치, 방법에 대해 어떠한 단서를 주어서는 안 된다.

③ 아동의 질문에는 "자유입니다. 하고 싶은 대로 하면 된다."고 말해준다.

④ 아이에게 하는 질문은 아이의 수준에 알맞게 맞추어서 한다.

⑤ 진단기법이기 때문에 형태와 내용을 함께 분석한다.

⑥ 그림은 현재의 느낌일 뿐 이후 달라질 수 있다.

⑦ 지시할 때 '여러 명 표현~'의 지시는 할 필요가 없다.

⑧ '그냥 하고 싶은 대로 하라~'며 제한 두지 말 것!

활동사진

[그림 9] 동물 가족화 (유치원생 7세)

[그림 10] 동물 가족화 (유치원생 7세)

[그림 10] 동물 가족화 (유치원생 7세)

위의 동물가족화에서 아동은 자신은 뱀으로 오려붙이고 엄마와 아빠는 코브라로 오려
붙었다.

아래의 동물가족화는 개구리 가족으로 해주면서 크기 순서로 해주었다.

※ 참고자료

http://m.blog.daum.net/_blog/_m/articleView.do?blogid=0CKcP&articleno=1262887

6회기: 정서탐색⇨ 새둥지화

새둥지화(Bird's Nest Drawing: BND)는 가족화를 통해 얻을 수 있는 개인의 가족에 대한 인지와 가족구성원 간의 갈등에 대한 정보와 유사한 정보를 얻을 수 있으며, 애착체계와 애착과 관련된 가족역동성의 개인내적 표상을 평가하는 데 유용하다(Francis, Kaiser, & Deaver, 2003)

목표
애착체계를 평가하고 애착관계성과 친밀감에 대한 이해를 높이며 손상된 애착을 치료하는 데 도움을 준다.

기대효과
상태를 진단하기 보다는 자연스럽게 표출하고 공감해줌으로써 자신의 애착안정성을 표현할 수 있는 기회를 준다.

준비물
A4 용지, 지우개, 연필, 8색의 가는 마커펜(검정, 빨강, 노랑, 파랑, 초록, 주황, 갈색, 보라)

활동방법
도입(10분): 인사나누기를 통해 내담 아동의 정서를 확인한다. 최근 2주 동안 행복하거나 슬픈 사건에 대한 이야기를 나누며 가족의 체계에 대한 프로그램 워밍업을 실시한다.

활동(30분):
① 지시문은 다음과 같다 "새둥지를 그리세요."
② 지시어 외에 아동의 질문에 대해서는 "자유롭게 그리세요."라고 한다.
③ 제한 시간은 없다.

*이야기(10분):

① 그린 새둥지화에 대한 생각을 이야기 한다.

② 부모새, 아기새, 알들이 있는지 새들의 기분은 어떤지 둥지는 안전한지, 위험한지 이야기를 나눈다.

주의사항

① 지시문을 "새둥지가 있는 그림을 그리세요."라고 제시할 수 있다.

② 그림을 그린 후 질문을 통해 내담자의 이해를 도울 수 있다.

③ 아동대상으로 검사를 실시할 경우 이미애(2004)의 연구 등을 참고하고, 청소년을 대상으로 검사를 실시한 경우 김갑숙, 전영숙(2008) 연구 등을 참고하여 평가할 수 있다.

진단기준

구분	애착지표	채점시준
둥지의 담는 기능	내용	둥지에는 내용물이 있는가?
	나무	둥지는 나무에 의해 지지받고 있는가?
	바닥	둥지에는 바닥이 있는가?
	담을 가능성	떨어지지 않도록 둥지는 기울지 않는가?
정신건강 병리학관련 요소	공간사용	종이를 1/3 이상 사용하였는가?
	배치	둥지를 중심에 두었는가?
	색상	3~4개의 색상을 사용하였는가?
	선의 질	선은 적절한가?
	둥지의 크기	여백(대상물)이 1/3 이하인가?
개정판의 새 요소	아기 새들	아기 새들이 들어있는가?
	부모 새들	부모 새들이 들어있는가?
	아기 또는 부모 새들	아기 또는 부모 새들이 들어 있는가?
	두 부모 새들	두 부모 새들이 들어있는가?
	알들	(새는 없고) 단지 알들만이 들어 있는가?

[그림 11] 새둥지화 (유치원생 7세 여)

도입: 가족간의 관계에 대해서 이야기 나눔. G가 지각하고 있는 가족상 파악. 부모 모두 자신보다는 오빠를 더 신경쓴다고 느낀다. 또한 말을 안 들으면 부모 모두가 자신을 때린다. 한동안 엄마가 입원을 해서 한 명만 때렸기 때문에 좀 좋았다. 세게 맞는 것은 아니지만 오빠보다 많이 맞는 것 같다. 가족 중에서 오빠도 나를 많이때린다. 가족들은 나에게 말이 많다고 한다. 나는 하고 싶은 말이 많다.

※ 참고도서
김갑숙·정영숙(2008). 새둥지화를 위한 청소년의 부모애착수준 타당화 연구. 한국생활과학회지, 17(6),1065-1077.
이미애(2004). 미술치료가 불안정애착아동의 애착안정성과 사회적 능력에 미치는 효과. 경상대학교 박사학위논문.

7회기: 라포형성 ⇨ Winnicott의 난화 기법

Winnicott(1971)가 개발한 난화(Squiggle)와는 다른 '휘갈겨 그리기'라고 하기보다는 '빙빙돌며 그리기'라든가 '아무렇게나 그리기'라고 하는 쪽이 더 좋을 듯하다. 이 방법은 회화용법이 때때로 기능을 요구하므로 저항에 부딪치는 경우가 많았기 때문에, 아동에게 훨씬 저항감을 적게 줄 수 있는 효과적인 방법이다.

목표
내담자에게 치료 장면을 보다 친밀한 분위기로 만들어 주어 관계형성을 쉽게 할 수 있도록 도와준다. 내담자를 속박하는 지적 통제를 이완시켜 창의성을 자극한다.

기대효과
① 내담자에게 치료 장면을 보다 친밀한 분위기로 만들어 주어 관계형성을 쉽게 할 수 있도록 도와준다.
② 내담자를 속박하는 지적 통제를 이완시켜 창의성을 자극한다.
③ 내담자가 만든 난화 그림 자료는 내담자 자신이 어떤 상태에 있는가를 시각적 자료를 통해서 알려 줄 수 있다. 이를 통해 부모나 내담자는 그러한 정보 자료를 치료자의 말보다 더 생생하게 받아들일 수 있다.

준비물
A4 용지, 연필(크레파스, 크레용, 색연필, 사인펜, 유성마커 등)

활동방법
도입(10분): 인사 나누기를 통해 아동 정서를 탐색한다. 일주일 동안 아동에게 있었던 감정에 대하여 이야기를 하며 치료사가 먼저 책상위에 놓인 화지에 낙서를 하며 워밍업을 한다.

활동(30분):

① 먼저 치료자가 '난화'를 그린다.

② 그 다음 내담자는 치료자가 그림은 문자 혹은 숫자를 제외한 어떤 것도 될 수 있다고 이야기 해 준다.

③ 내담자가 치료자의 난화를 이용해 그린 그림에 대해서 이름을 붙이도록 요구한다.

④ 다시 내담자가 '난화'를 그린다.

⑤ 내담자가 그린 '난화'를 이용해 치료자가 그림을 완성한다.

⑥ 치료자가 만든 그림에 대해서 이름을 붙인다.

⑦ 다시 ① ~ ⑥ 순서를 반복하여 실시한다.

이야기(10분):

① 완성된 난화에 대해 느낌이 어떠한지, 이미지가 보이면 제목을 쓴다.

② 내담자가 난화할 때의 감정은 어떠했는지 치료사가 작업할 때의 느낌은 어떠했는지 이야기를 나눈다.

주의사항

치료자는 내담자가 만든 그림과 명칭, 즉 아동의 생각이나 감정에 공감하고 반영해 줄 수 있는 그림을 만들도록 노력하여야 한다.

진단기준

① 작품분석: 작품의 질, 외형적인 특성, 주제, 아동의 태.

② 그림과 이야기 분석:

▶ 확장(그림과 이야기에서 장소에 대해 구체적으로 언급된 곳; 예, 동물원, 우주)

▶ 주요인물, 대인관계의 특성

▶ 정서, 난화와의 관계

▶ 독창성의 정도, 줄거리

활동사진

[그림 12] Winnicott의 난화이야기기법 '행복한 난화' (유치원생 7세 여)

김○○: "거북이 비슷한 동물, 지렁이가 마구마구 모여서 꼬불꼬불."

[그림 13] Winnicott의 난화이야기기법 '화난낙서' (유치원생 7세 여)

김○○: "화난 낙서. 재미있었다.", "수박, 실뭉치, 햇님 같기도 하다."

지○○: "요술 거울, 불빛 나는 것 같아요.", "밖으로 나와서 사람들을 괴롭히는 것같아요."

서○○: "구름 같아요."

서○○: "화난 낙서. 사람 같아요."

이○○: "뒤집혀진 접시."

지○○: "들어가는 것 같아요. 요술"

[그림 14] Winnicott의 난화이야기기법 '화난낙서' (유치원생 7세 여)

[그림 15] Winnicott의 난화이야기기법 '행복한 난화' (유치원생 6세 여)

"사과, 무지개 포털, 무지개 동그라미."

[그림 16] Winnicott의 난화이야기기법 '감정낙서' (유치원 7세 여)

※ 참고도서

최은영·공마리아 저. 미술심리치료. 학지사 p.29-34.

이숙민·송순(2018). 성폭력피해 청소년의 정서안정감, 자아탄력성, 자아존중감 향상을 위한 인간중심
미술치료 사례연구. 디지털융복합연구 16(2), 385-402.

8회기: 라포형성⇨풍경 구성법

풍경구성법은(Landscape Montage Technique; LMT)은 미술치료 혹은 그림검사법의 하나로 1969년 일본의 中井久夫(나카이) 교수에 의해 창안되었다, 이 풍경구성법은 원래 정신분열증 환자를 주 대상으로 하여 모래상자 요법의 적용 가능성을 결정하는 예비 검사로 고안되었다. 그러나 독자적인 가치가 인정되고 이론적으로 분석되어 치료적으로도 많이 활용되고 있다.

풍경구성법은 일본에서 널리 이용되고 있으며 1977년 제 10회 독일어권 표현병리, 표현요법 학회에 발표된 후 독일, 미국, 인도네시아에서도 널리 시행되고 있고, 진단도구로서 뿐만 아니라 치료과정 속에 활용되어 많은 효과를 인정받고 있다.

목표
내담자의 의식과 무의식을 탐색하고, 치료가능성을 평가한다.

기대효과
① 신뢰감과 친밀감을 형성할 수 있다.
② 자율성을 획득할 수 있다.

준비물
A4 용지 또는 도화지, 사인펜(검은색), 크레파스 혹은 색연필

활동방법
도입(10분): 인사나누기를 통해 내담 아동의 정서를 관찰하고, 4계절에 대한 이야기로
　　　　　　　프로그램에 대한 워밍업시간을 갖는다.

활동(30분):
① 치료사가 검은색 펜으로 용지에 테두리를 그려 내담자에게 제시한다(풍경이라는 개념
　 을 파악하는 6세 정도의 아동부터 적용이 가능하다).

② 지시사항에 따라 그림을 그리게 한다. 내담자에게 10개의 항목(강, 산, 논, 또는 밭, 길, 집, 나무, 사람, 꽃, 동물, 돌) 등을 차례대로 불러주고 내담자는 검은색 펜으로 순서대로 풍경을 그린다. 그림을 그릴 때 10가지를 미리 제시하지 말고 하나씩 불러주도록 한다.

③ 그린 후, "그 외 추가로 더 그려넣고 싶은 것이 있으면 그려 넣으세요."라고 말한다.

④ 그림을 다 그린 후 원하면 색칠하도록 한다. 색칠을 반드시 해야 하는 것은 아니며 원할 경우 색칠하게 한다.

이야기(10분):

① 작품이 완성된 후 치료사와 내담자는 같이 그림을 보면서 묻고 싶은 부분이 있을 때 자연스럽게 물어본다.

② 작품이 완성된 후 치료자와 내담 아동은 같은 그림을 보면서 묻고 싶은 부분이 있을 때 자연스럽게 물어본다.

▶ 풍경의 계절은?

▶ 날씨는 어떠한가?

▶ 몇 시 정도의 풍경인가?

▶ 강, 바다의 흐름은 어디에서 어디로 흘러가는가?

▶ 그 강은 깊은가?

▶ 산 저 편에 무엇이 있는가?

▶ 사람은 무엇을 하고 있는가?

▶ 자유롭게 그려 넣은 것은?

▶ 그 풍경에 대한 느낌은 어떠한가?

주의사항

① 검정색 펜(사인펜)으로 그림을 그리게 한다.

② 치료자는 항목을 순서대로 불러 주어야 한다.

③ 치료자가 항목을 부를 때 '집이 있으면 좋겠네', '나무가 있어도 괜찮을까?' 등으로 대상의 연령에 따라 말끝에 신경을 써야 한다(中井久夫, 1969).

그림에서는 풍경 전체의 느낌이 중요하며 치료자는 작품을 비판하고 상징성을 보는 것이 아니라 내담 아동과의 교류가 중요하다. 그리고 그림에서는 내면의 상황을 그대로 투영하거나 갈망하는 것을 시사하고 있으므로 앞으로 변화와 가능성을 볼 수 있어야 한다.

진단기준

① 강: 무의식의 흐름에 비유할 수 있다. 강박경향이 심하거나 무의식에 대한 자아경계가 약한 사람은 강가를 돌로 쌓거나, 콘크리트로 방파제를 만든다. 때로는 강에서 도랑으로 그리는 경우도 있다. 무의식에 지배되어 있는 내담자는 물이 세차게 흐르는 큰 강, 물이 넘쳐흐르는 그림을 그리는 경우가 많다. 분열증과 신경증 환자는 강을 너무 크게 그리거나 물의 양이 많은 강을 그리는 경우가 있다.

② 산: 그리는 사람의 주어진 상황과 앞으로의 전망을 나타내며 또는 극복해야 할 문제의 수를 시사하기도 한다. 눈앞에 우뚝 서 있거나 앞길을 막고 있는 경우는 곤란이나 장애 등을 의미하는 경우도 있다.

③ 밭(논): 학생의 경우는 면학과 관계가 있으며 과제나 의무와도 관련이 있거나 인격이 통제된 부분으로 볼 수 있다. 밭에서 일하는 경우가 일반적으로 좋게 평가되나 등교거부나 비행 청소년에게서 태만에 의식적인 보상으로 보여 지기도 한다. 논의 모를 심고, 벼가 푸르고 번성, 벼이삭이 돋은 것, 벼 베기, 수확한 후의 한가한 논의 모습은 마음이 지향하고 있을 때를 암시하거나 발병의 시기, 즐거웠던 회상, 미래를 암시하는 경우도 있다. 강박경향이 있는 경우는 벼이삭의 세밀한 표현이나 밭의 면적이 너무 넓은 경우도 있다.

④ 길: 의식적인 영역을 나타내며, 나의 인생과 방향을 암시한다. 만약 길이 강 위의 다리와 확실히 연결되면 안심할 수 있다. 여성이 강을 건너는 것은 다른 세계로 간다는 의미(결혼 등)를 나타내는 경우도 있다.

⑤ 집: 성장해 온 가정을 나타낸다. 자신이 가정상황과 가족관계에 대한 감정과 인지, 태도는 나타낸다. 현재의 가정에 대한 시각뿐만 아니라 원하는 미래의 가정이나 과거의 가정을 나타내기도 한다.

⑥ **나무:** 기본적인 자아상을 나타내는 것으로 내담자가 자신의 마음의 평형상태에 대하여 어떻게 느끼고 있는가를 나타내며 내담자의 정신적 성숙도의 정도를 표시하고 있다.

⑦ **사람:** 자신의 현실상이나 이상상을 나타내며 자기에게 의미 있는 사람 혹은 인간 일반을 어떻게 인지하고 있는가를 나타낸다.

⑧ **꽃:** 아름다움과 사랑을 상징하며, 성장 발달의 상징이기도 하다. 일반적으로 여성스러움을 의미하고 강조하는 경우에 그리는 일이 많다. 높은 산봉우리의 꽃, 장례식용 꽃, 새 빨간색의 길가에 피어 있는 꽃 등은 자신의 영혼(죽음 애도)을 나타내기도 하고, 꽃에 색을 칠하지 않는 경우는 정신분열증 환자에게 많다.

⑨ **동물:** 동물의 특성, 생태, 신화, 전설 등이 의미를 나타낸다. 다른 풍경보다 동물이 크게 그려진 경우는 내면에 큰 에너지가 낮다는 것을 나타낸다. 선택되는 동물 자체가 상징성을 나타내므로 그 사람의 어떤 측면을 잘 나타낸다. 분열증 환자나 대인공포증 환자는 토끼, 상처 입은 고슴도치, 매, 사자 등을 그리는 경향이 있고 등교거부 아동은 소나 말을 그리는 경향이 있다.

⑩ **돌:** 빠짐없이 그려지는 항목으로 의미가 중요하다. 단단함, 냉정, 불변성을 나타내며, 큰 돌이나 큰 바위가 전방을 가로박고 있으면 장애가 되고 짐이 되는 어려움을 나타낸다. 큰 돌이라도 위치에 따라 여러 가지 의미가 있다. 정신분열증 환자도 돌을 꼭 그리는 경우가 많으며, 신경증 환자는 여러 곳에 흩어 놓은 경우가 많고, 강박증 환자들은 강가에 세심하게 정돈해 놓는다.

⑪ **기타:** 다리 및 태양, 달, 구름, 물고기 등이 많이 나타나는데, 풍경화의 장식물을 내적 상황을 아는 데 상당한 도움을 준다.

[그림 17] LMT '풍경구성법' (초등학교 4학년 여)

① 계절: 봄

② 날씨: 매우 좋다

③ 몇 시 정도: 점심시간

④ 산에서 밑으로 흐른다.

⑤ 강의 깊이는 무릎길이

⑥ 산 저편에는 도시가 있다.

⑦ 무엇을 하나?: 친구를 기다리고 있다.

⑧ 자유롭게 그린 것: 구름, 풀, 꽃을 더 그려 넣었다.

⑨ 풍경에 대한 느낌은?: 평화롭고 조용한데 외로운 느낌이 든다.

⑩ 이유는?: 친구가 없어서 친구를 기다린다. 친구가 언제 올지 모르는데, 기다리고 있다.

※ 참고도서

최외선·이근매·김갑숙·초선남·이미옥 저(2014). 마음을 나누는 미술치료. 학지사.

박윤미·박신자 저(2011). 최신 미술치료 핸드북. 이담 BOOK. 67-72.

이숙민·송순(2018). 성폭력피해 청소년의 정서안정감, 자아탄력성, 자아존중감 향상을 위한 인간중심 미술치료 사례연구. 디지털융합연구 16(2), 385-402.

9회기: 라포형성 ⇨ 자유화법

주제나 방법을 내담자 스스로 결정하여 그리게 한다. 색채, 선, 공간, 내용(부모, 형제, 자신, 산, 태양, 기차 등)을 분석한다. 이 같은 분석방법은 아직 신뢰도나 타당도에서 동의를 얻지 못한 부분이 있으므로 제한성에 유의한다.

목표
내담자의 내면을 파악한다.

기대효과
① 내담자의 무의식을 알 수 있으며 저항감을 감소할 수 있다.
② 내담자의 욕구를 파악할 수 있다.

준비물
8절 도화지, 크레파스

활동방법
도입(10분): 인사나누기를 통해 내담 아동의 정서를 관찰하고, 화지에 그림을 그린다면 무슨 그림을 어떻게 그리고 싶은지 프로그램에 대한 워밍업시간을 갖는다.

활동(30분):
① 주제나 방법을 제시하지 않고 내담자가 그리고 싶은 것을 그리도록 한다.
② 시간은 30분으로 제한한다.
③ 완성된 작품에 주제를 스스로 만들도록 한다.

이야기(10분):

작업이 끝나면 그림에 대하여 이야기 나누기를 한다.

▶ 그림을 보니 어떤 느낌이 듭니까?

▶ 그림을 보니 어떤 생각이 듭니까?

▶ 어느 곳이 마음에 듭니까?

▶ 어느 곳이 마음에 들지 않습니까?

▶ 왜 이 그림이 그려졌을까요?

▶ 이 그림이 그려진 나의 기억중에 의미를 찾는다면?

▶ 이 그림에 의미있는 스토리는?

▶ 제목을 무엇으로 할까요?

활동사진

[그림 18] 자유화법 '소녀와 소년이 사랑에 빠진 전설 이야기' (유치원 7살 여)

소녀와 소년의 사랑에 빠진 전설 이야기

① "너무 예쁘게 태어나서 남자 아이들이 반할 정도로 예뻐서 숨어서 쳐다보고, 선물도 주고 고백도 해요."

② "집 뒤에 자기만 아는 장소에 숨어서 있었어요. 동생이 있는데, 다른 남자 친구들이 좋아서 쫓아다녀요."

③ "너무 화가 나서 폭발할 것 같아서 엄마에게 다 이르러 갔어요. 처음에는 자기가 예뻤는데 1번이 나타나면서 화가 나요.", "선물은 반지, 꽃, 상자 속에는 악세서리, 꽃다발도 주었어요."

④ "부잣집 차에서 아빠가 돌아오고 있어요. 회사에 갔다가 돈 가지고 와요. 저녁시간이라서 밥 먹으러 와요."

이 이야기는 요즘 아동이 보는 TV만화에 나오는 이야기를 상상해서 그림으로 그린 것 같다고 아동의 어머니께서 그림 설명을 듣고 말씀하셨다.

10회기: 정서탐색 ⇨ 소셜 아톰

목표

① 무의식의 의식화를 할 수 있다.

초기 상담 시 짧은 시간 안에 내담자의 에너지 수준과 자존감 정도, 대인관계 성향 등을 파악 할 수 있다.

기대효과

① 대인관계를 그림으로 나타낼 수 있으며, 간단한 도형으로 짧은 시간 안에 자신의 인간관계를 알 수 있다.

② 그리기에 다소 거부감이 있거나 방어가 심한 아동에게 간단하게 실시할 수 있다.

준비물

화지, 크레파스, 사인펜, 색연필

활동방법

도입(10분):

① 인사나누기

② 워밍업

활동(30분):

① 조용한 분위기를 유도한다.

② "지금 당신의 머릿속에서 인물들을 떠올려 보세요."라고 말한다.

③ "먼저 내가 여자면 나를 동그라미로 그리세요. 남자면 세모로 그려주세요."라고 말한다.

④ "그리고 지금부터 생각나는 사람들 즉 떠오르는 사람들이 가족이나, 친척, 친구, 지인, 직장동료 중, 떠오르는 사람이 여자면 나를 그려준 주변에 동그라미로 그려주

고, 남자는 세모로 표현해 보세요."라고 말한다.

⑤ 질문을 할 때는 하고 싶은데로 하면 된다고 한다. 예) "많이 그려요, 적게 그려요." 치료사는 "그리고 싶은 만큼 떠오르는 사람들 다 그려도 됩니다.", "동그라미 안에다 그려요 밖에다 그려요."하면 "하고 싶은 대로 하면 됩니다."라며 충분한 시간을 준다.

* 나누기(10분):

작품의 전 과정과 작품 속 이야기 나누기, 나를 어느 크기로 해주었는지(자신의 자아상), 생각나는 사람들이 많은지(관계지향적), 3명~4명으로 작은지(좁은관계성), 내 원안에 있는 사람들(구속받는 느낌이 들 수 있다), 내 원밖에 그려진 사람들(거리를 유지하는 정도), 내 원에 걸쳐서 그린 사람들(안에 넣자니 내가 신경써야 할 것 같아서 힘들고, 밖에 그리자니 너무 무관심한 것 아니가 하는 심리), 우측에 그려진 사람들(더 가깝고 친밀할 수 있다), 좌측에 그려진 사람들(어느 정도 관계를 유지하고 있는 친구나 친척), 처음 그린 사람과 크기는 가깝고 더 중요한 사람이다.

주의사항

▶ 조용한 분위기를 조성해준다.

▶ 다른 사람들이 표현한 작품을 먼저 사람들 앞에서 해석해 주지 않는다.

활동사진

[그림 19]   소셜아톰(중학교 1학년 여)

친구들을 그리고 처음에 엄마를 언니 옆에 붙여서 그렸다가 나중에 위에 다시 그렸다.

아빠는 그리지 않았다가 나중에 물어보니 추가했다(아빠랑 같이 살지 않음).

※ 참고도서

지옥진(2006). 집단미술치료가 정신지체 청소년의 자율신경계에 미치는 영향. 석사학위논문.

단계 2. 트라우마 내담자 외상 기억처리단계

① **중기 치료목표:** 트라우마의 외현 기억과 암묵기억의 통합으로 트라우마 기억을 노출하는 것이다

② 중기 미술치료 프로그램은 다음과 같다.

11회기: 외상정보 ⇨ 좋아하는 날씨 그림

FKD(A Favorite Kind of Day) 그림은 자연의 거칠고 공격적인 표현으로 학대피해 아동을 변별하고 치료하기 위하여 예술심리학자인 Trudy Manning(1987)이 고안하였다. 정진숙(2011)은 Manning(1987)의 FKD 그림의 평가기준, 미술치료의 형식요소평가척도(FEATS), Gantt와 Tabone(1998)의 빗속의 사람(PITR) 그림의 평가기준을 참고로 하여 평가기준을 명확하고 객관화하여 좋아하는 날씨 그림(A Favorite Kind of Weather: FKW)이라고 명명하였다.

목표
학대피해 아동을 변별한다.

준비물
A4 용지, 10색의 크레용(빨강, 주황, 노랑, 갈색, 파랑, 초록, 분홍, 보라, 회색, 검정)

활동방법
도입(10분): 인사나누기를 통해 내담 아동의 정서를 관찰하고 즐겁게 날씨 놀이나 게임으로 안정감을 줄 수 있는 워밍업 시간을 갖는다.

활동(30분):
① 지시문은 다음과 같다.
  "자신이 좋아하는 날씨를 그리세요."
② 기타 질문에는 "자유입니다."라고 대답하여 그림에 어떠한 단서를 제시하지 않는다.

이야기(10분):
③ 그림 완성 후 몇 가지 질문을 하고 이야기를 나눈다.

진단기준 (정진숙, 2011)

① 형식척도

준거	해석
채색 정도	1점. 형태(테두리만) 2점. 부분적 3점. 형태와 공간 모두
채색 에너지	1점. 약하게(공간을 채우지 않고 연하고 약하게) 2점. 보통 3점. 반복적, 강하게(반복적으로 겹쳐서 또는 강하게)
채색 안정성	1점. 불안정(산만하고 방향이 일정하지 않고 불규칙적) 2점. 보통 3점. 안정적(채색의 방향이 일정하고 균일하며 규칙적)
색 사용수	1점. 1개 2점. 2~5개 3점. 6개 이상
공간 사용	1점. 50% 미만 2점. 60~90% 3점. 90% 이상
세부 묘사	1점. 없음 2점. 한두 가지 3점. 세 가지 이상

② 내용척도

준거	해석
먹구름	1점. 없음 2점. 조금 있음(전체 면적의 20% 이하) 3점. 많음(전체 면적의 20% 이상)
비	1점. 없음 2점. 조금 있음(전체 면적의 50% 이하, 비와 비 사이의 간격이 1.5cm 이상) 3점. 많음(전체 면적의 50% 이상, 비와 비 사이의 간격이 1.5cm 미만)
번개	1점. 없음 2점. 1~2개 3점. 3개 이상
움직임	1점. 없음 2점. 조금 있다(위에서 아래로 떨어지는 형태, 전체 면적의 50% 이하, 형태와 형태 사이의 간격 1.5cm 이하) 3점. 많음(위에서 아래로 떨어지는 형태, 전체 면적의 50% 이상, 형태와 형태 사이의 간격 1.5cm 이상)

[그림 20]　좋아하는 날씨 그림 검사(중학교 1학년 여)

[그림 21]　좋아하는 날씨 그림 검사(중학교 1학년 여)

중학생인 여아는 엄마에게서 받는 스트레스가 많다며 먹구름을 그리고 번개를 노란색으로 7개를 그려주고 파도가 넘실거리는 바다에 물고기들과 꽃게를 그려주었다. 그림을 보고 성난 파도와 세차게 내리는 비 때문에 물고기들이 불안해서 안절부절 왔다갔다 헤매고 있다고 하였다. 그림을 그리고 나서 말 못하는 것을 그림으로 그리니까 속이 시원하다고 그림을 보며 만족해했다.

두 번째 그림은 집을 떠나 내가 멀리 기숙사가 있는 대학에 다니고 나중에 취직해서 남자친구와 데이트 하는 생각을 하면서 그림을 그렸다고 한다. 엄마의 잔소리 높은 기대 아빠의 무능력으로 스트레스가 많은 엄마 때문에 힘들어서 빨리 어른이 되고 싶다고 하였다. 내담자는 얼굴도 예쁘고 키도 크고 날씬 하며 인사도 잘한다. 자신의 생각을 잘 표현하는데, 엄마나 집 이야기를 할 때는 인상을 쓰며 표정이 달라진다.

※ 참고문헌
정진숙(2011). 아동학대 변별도구로서 좋아하는 날씨(FKW) 그림의 평가기준 개발. 영남대학교 박사학위논문.
최외선·김갑숙·정은주·정광석 공저(2014). 미술치료기법Ⅱ. 학지사. p.53-p56.

12회기: 정서경험 ➡ 그림 이야기

그림 이야기 검사(Draw A Story: DAS)는 Silver(1988b, 1993a)가 개발한 검사로서 SDT의 규준을 개발하기 위해 아동에게 실시하였을 때 상상화 과제에 대한 반응으로 우울증 사정의 가능성을 발견하였다. 소수의 아동은 자살이나 전멸(annihilation)에 관한 상상화를 그렸는데, 아동기 우울증은 죽음이나 폭력에 대한 상상으로 포장될 수 있기 때문에 그림 이야기 검사는 우울증을 선별하기 위한 하나의 도구가 될 수 있다. 이후 성인에게도 사용되는 도구다.

목표
우울증이나 공격성의 심리상태를 파악한다.

기대효과
① 내담자의 우울감을 진단할 수 있다.
② 내담자의 불안감과 충동성을 진단할 수 있다.

준비물
DAS 검사지, 자극그림, 연필, 지우개

활동방법
도입(10분):
"다음의 그림에 대해 흥미를 가질 것이라 생각합니다. 그림을 잘 그리거나 못 그리는 것은 전혀 문제가 되지 않습니다. 중요한 것은 자신의 생각을 표현하는 것입니다. 편안한 마음으로 할 수 있도록 분위기를 조성한다."

활동(30분):
① 지시문은 다음과 같다.

"여기에 사람, 동물, 장소 및 사물에 대한 몇 가지 그림이 있습니다. 이 중에서 2개의 그림을 골라서 가능한 이야기를 상상해 보세요. 준비가 되면 여러분이 상상한 이야기를 그림으로 그려 봅시다. 여러분이 그린 그림에 대해 이야기를 만들고 무슨 일이 있었는지 보여 주십시오. 선택한 그림은 마음대로 바꿀 수도 있고 그린 그림에 얼마든지 추가할 수도 있습니다."

이야기(10분):

② 그림 그리기가 끝나면 그림 아래에 제목이나 이야기를 써 넣도록 한다.

③ 검사 후 추가 질문을 할 수 있다(손현숙, 2009).

▶ 그들은 지금 무엇을 하고 있나요?

▶ 그들은 서로 어떤 관계가 있나요?

▶ 무엇을 생각하거나 느끼고 있나요?

▶ 앞으로 무슨 일이 일어날까요?

▶ 이 일 전에는 무슨 일이 일어났나요?

▶ 이 그림을 그릴 때의 기분은 어땠나요?

▶ 나는 그림 속에 무엇(누구)으로 나타나 있나요?

▶ 이 그림 속의 인물이 나라면 어떻게 느끼거나 생각할까요?

▶ 이야기에 나온 주인공의 성별이나 나이는?

▶ 이 일이 일어난 장소와 시간은?

④ 검사 대상은 5세부터 성인까지다.

주의사항

① 그리기가 시작되면 집중할 수 있도록 한다.

② 지지하고 격려해 주는 것이 중요하다.

③ 어느 투사검사나 마찬가지로 지침의 이해가 어려운 피검자에 대한 지시어는 피검자가 이해할 수 있는 수준의 단어 선택이 중요하다. 하지만 지나치게 자세한 설명은 표현의 자유를 방해하거나 사고의 제안을 주기도해 주의해야 한다.

④ 양식 A를 사전, 사후 검사로 활용할 경우, 양식 B를 치료를 위해 사용할 수 있다.

진단기준(Silver, 1993)

① 정서상태

기준	해석	점수
· 슬프거나 고립되어 있거나 도움을 받을 수 없거나 죽을 위험에 처해 있는 인물 · 파괴적, 살인적 또는 생명 위협적인 관계	강한부정	1
· 좌절, 공포, 무서움 또는 불운한 인물 · 스트레스를 느끼거나 적의가 있는 관계	중간 정도의 부정	2
· 애매하거나 갈등을 나타내는 부정적이면서 긍정적인 관계 또는 인물 · 명료하지 않거나 분명하지 않은 관계 또는 인물 · 부정적이든 긍정적이든 비정서적인 관계 또는 인물, 그려진 대상 또는 관계에 대해 표현된 감정이 없는 인물	중립적, 양가적	3
· 행운은 있지만 수동적인 인물 · 친한 관계	중간 정도의 긍정	4
· 행복하거나 목표를 달성한 인물 · 돌봐 주거나 사랑하는 관계	강한 긍정	5

② 자아상

기준	해석	점수
· 비통, 고립, 치명적인 위험에 빠진 것으로 표현된 대상과 동일시할 때	병적인 환상	1
· 놀람, 좌절, 불행과 관련된 묘사 · 짜증스러움, 욕구불만 또는 불운한 존재로 묘사된 대상과 동일시하고 있을 때	불행한, 불쾌한 환상	2

기준	해석	점수
· 분명하지 않거나 보이지 않는 것으로 나타나는 묘사 · 불문명하거나 애매하거나 또는 양가적이거나 아무런 감정이 없는 것으로 묘사된 대상화 동일시할 때	양가적, 비정한, 애매모호한 환상	3
· TV를 보거나 구조되는 것처럼 수동적인 행운과 관련된 묘사 · 수동적이지만 운 좋은 것으로 묘사된 대상과 동일시할 때	유쾌한 환상	4
· 행복한, 사랑받는, 강력한, 뛰어난, 위협적인, 파괴적인, 공격적인, 성취적인 것과 관련 된 묘사 · 존경스럽고, 친밀하며, 긍정적이며, 목표를 달성하는 것으로 묘사된 대상과 동일시할 때	욕구충족, 소원을 이루는 환상	5

③ 유머

기준	해석	점수
· 고통스럽게 죽거나 죽을 위험에 있는 대상 때문에 재미난 것 · 불안, 죽음, 고통, 공포, 고통을 느끼게 하는 잔인함 또는 쾌감이 없는 것	강한 치명적 유머	1
· 어리석거나 놀라거나 좌절하거나 불운한 대상이 보는 사람들로 하여금 웃음을 자아내게 하는 것 · 다른 사람을 조롱하는 것, 자기 자신을 조롱하는 것, 대상이 매력적이지 않거나 좌절했으며, 바보 같거나 불운하지만 치명적인 위험에 처해 있지 않은 것	비방성 유머	2
· 의미가 불분명하고, 양가적이며, 애매한 것	양가적 유머	3
· 문제점을 극복하고, 불안을 완화하며, 안전하게 하는 것 · 결과는 희망적이거나 호의적인 것 · 주요 대상이 역경을 극복한 것	반동 유머	4
· 보는 이들로 하여금 즐거움, 유쾌함을 느끼게 하는 것 · 유머를 공유하도록 하며 비난이 전혀 없는 것 · 친절하고 우스꽝스러운 단어를 사용한 유머가 있는 것	해학적 유머	5

[그림 22] 그림이야기 (초등학교 5학년 남)

▶ 그들은 지금 무엇을 하고 있나요? - "싸우고 있어요."

▶ 그들은 서로 어떤 관계가 있나요? - "서로 경계하고 있어요."

▶ 무엇을 생각하거나 느끼고 있나요? - "치타는 악어랑 목도리도마뱀을 잡아 먹으려 고해요."

▶ 앞으로 무슨 일이 일어날까요? - "다 죽일 거예요."

▶ 이 일 전에는 무슨 일이 일어났나요? - "사람들이 동물을 사냥 다녀요."

▶ 이 그림을 그릴 때의 기분은 어땠나요? - "하기 싫어요."

▶ 나는 그림 속에 무엇(누구)으로 나타나 있나요? - "치타가 나예요."

▶ 이 그림 속의 인물이 나라면 어떻게 느끼거나 생각할까요? - "배가고파서 잡아 먹어 야해요."

▶ 이야기에 나온 주인공의 성별이나 나이는? - "다 남자예요."

▶ 이 일이 일어난 장소와 시간은? - "밀림속이구요. 밤이 되고 있어요."

아동은 하고 싶지 않은 것을 하는 것처럼 빨리 끝내고, 자신이 좋아하는 보드게임을 하겠다고 한다.

※ 참고도서

Silver, R. (2002). Three Art Assessments. 이근매, 조용태, 최외선 역(2007). 세가지 그림심리검사. 서울: 시그마프레스.

손현숙(2009). 아동-청소년의 우울 및 공격성과 DAS반응특성의 관계 아동-청소년의 우울 및 공격성과 DAS 반응특성의 관계, 영남대학교 박사학위논문.

이현주(2012). 부모 알콜 중독이 대학생 자녀의 우울 및 사회불안에 미치는 반응특성: 이야기 그림검사를 중심으로. 한양대학교 석사학위논문.

13회기: 정서경험 ⇨ 실버 그림

실버 그림(Silver Drawing Test: SDT)은 Silver가 청각장애인의 인지와 정서를 측정하기 위해 개발한 그림검사다. 그림이 언어적 결함을 대신할 수 있고, 말이나 글에 필적하는 의사소통 수단이 될 수 있다는 전제에 근거하고 있다. 개인의 인지적 정보와 정서적 정보는 언어적 표현뿐만 아니라 시각적 표현에 의해서도 파악할 수 있다.

목표
인지와 정서 상태를 측정한다.

기대효과
① 내담자의 인지정보를 시각적으로 파악할 수 있다.
② 내담자의 정서적 정보를 시각적으로 파악할 수 있다.

준비물
SDT 검사도구, 연필, 지우개

활동방법
도입(10분):
임상대상자에 대해 치료사는 마음을 편하게 호흡하고 스트레칭을 한후 내담자의 연령, 증상에 따라 시간과 그림검사를 실시한다.

활동(30분):
① 실시 연령은 5세부터 성인까지이며, 7세 이하의 아동과 임상 대상자는 개인 검사를 실시한다.
② 소요시간은 약 15분 정도다.
③ 지시문은 다음과 같다.

"나는 당신이 이런 종류의 그림에 흥미 있어 할 것이라고 생각합니다. 당신이 볼 수 있는 것도 있고 볼 수 없는 것도 있으며, 당신이 상상할 수 있는 것을 그리도록 요구할 것입니다. 그림의 실력이 있는지 여부는 문제가 되지 않습니다. 중요한 것은 당신의 상상력을 사용하여 자신의 생각을 표현하는 것입니다."

④ 실시 순서는 예언화, 관찰화, 상상화다.

이야기(10분):

① 그림과 함께 표현한 내용을 자신이 느낌으로 이야기 하고 제목을 정한다.

예언화

▶ 예언화 과제를 실시할 때, 만약 응답자가 지시문을 읽지 못하면 말이나 몸짓, 수화를 사용한다.

▶ 왼쪽 첫 번째 컵을 지적하면서 "여기는 아이스크림소다입니다. 여러분이 몇 모금을 마셨다고 생각해 봅시다."라고 말하고, 두 번째 컵의 꼭대기 부분에 수평선을 그리면서 "모두 마실 때까지 몇 모금씩 계속 마셨을 때 소다가 줄어드는 모습을 컵에 선으로 그려 보세요."라고 말한다.

관찰화

▶ 선보다 면으로 나타나도록 하기 위해 눈높이 아래의 탁자에 배치 용지와 검사 도구를 놓는다.

▶ 피검자가 지시문을 읽지 못하면 다음의 지시문을 읽어 준다.

"당신은 무엇인가를 그려야 하는데, 이것을 자세히 살펴보겠습니까? 여기에 그려야 하는 물건이 있습니다. 이것들을 주의 깊게 보고 다음의 공간에 그것을 그리십시오."

상상화

▶ 피검자가 지시문을 읽지 못하면 다음의 지시문을 읽어 준다.

"두 개의 그림을 선택하고, 그 그림을 가지고 어떤 일이 일어날 것인지 이야기를 상상해 봅시다. 준비가 되었을 때 상상한 것을 그림으로 그려 보세요."

▶ 그림을 다 그렸으면 제목이나 이야기를 쓰도록 한다.

진단기준(Silver, 1983, 1986, 1987a 외 다수)

예언화

준거	해석
계열	0점. 컵에 소다가 표현되어 있지 않았을 때 1점. 계열이 불완전할 때 2점. 둘 혹은 그 이상의 계열이 그려졌을 때 3점. 점점 줄어드는 과정에서 고친 흔적이 있을 때(시행착오) 4점. 고친 흔적은 없으나 간격이 일정하지 않을 때 5점. 고친 흔적이 없고, 간격이 모두 일정하게 표시되었을 때
수평	0점. 기울어진 병 속에 수면을 나타내는 선이 없을 때 1점. 선이 병의 밑면이나 옆면과 평행일 때 2점. 선이 병의 밑면이나 옆면과 거의 평행일 때 3점. 선이 비스듬할 때 4점. 수평선이 아니면서, 선이 탁자와 연관이 있어 보이나 평행하지는 않을 때 5점. 5도 이내에서, 선이 탁자와 완전히 평행일 때
수직	0점. 집이 없거나, 5세보다 어리다면 집이 산 속에 있을 때 1점. 집이 대략 언덕과 직각되게 그렸을 때 2점. 집이 언덕과 직각도 어니고 수직으로 되어 있지도 않게 경사져 있거나 거꾸로 그려져 있을 때 3점. 집은 바로 세워 수직이 되도록 그렸지만 받쳐 주는 것이 없을 때(5세 이상, 산 안에 집 전체를 그렸을 때) 4점. 집은 수직이 되도록 그렸지만 받침대가 약하거나 집이 약간 산 속에 그려져 있을 때 5점. 집이 수직이며 기둥이나 받침대나 다른 구조물로 견고하게 받쳐져 있을 때

SDT 예언화 점수

▶ 계열예언 5점

▶ 수평예언 5점

▶ 수직예언 5점

상상화

① 인지적 내용

준거	해석
선택	0점. 자극그림을 선택한 증거가 하나도 없을 때
	1점. 지각적 단계: 단일 주제 혹은 주제들이 크기와 위치가 맞지 않을 때
	2점. 크기나 위치에 있어 관계있는 대상들이지만 서로 상호작용이 없을 때
	3점. 기능적 단계: 대상이 무엇을 하든지 또는 무엇이 행해지고 있는지를 보여줄 때
	4점. 추상적이거나 상상적이기 보다 설명적일 때
	5점. 추상적 단계: 상상력이 풍부하고 잘 정리된 생각. 실제 보이는 것보다 더 암시적이고 추상적인 개념들을 다루는 능력을 보여 줄 때
결합	0점. 하나의 대상. 공간적 관계가 없을 때
	1점. 근접성: 근접성만이 관계가 있고, 대상들이 공간에 떠 있을 때
	2점. 점선이나 화살표, 또 다른 것으로 관계들을 나타내려고 했을 때
	3점. 사물들이 기저선을 따라 서로 다른 것과 관계 지어져 있을 때(실제로 혹은 묵시적으로)
	4점. 기저선을 사용하는 수준을 넘어 그린 그림. 그러나 공간의 거의 대부분이 여백으로 남아 있을 때
	5점. 전체적인 조화: 원근이 나타났고 도화지의 전체 면을 고려하고 2~3개 이상의 그림을 사용했을 때
표현	0점. 표현되었다는 증거가 하나도 없을 때
	1점. 모방: 자극그림을 그대로 베끼거나 판에 박힌 듯 한 표현일 때
	2점. 모방의 단계는 넘어섰으나 그림이나 아이디어가 평범할 때
	3점. 재구성: 자극그림을 정교화 시키거나 변화시켰으나, 판에 박힌 표현일 때
	4점. 재구성의 단계를 넘어선 약간 독창성이 엿보이거나 표현적일 때
	5점. 변형적: 매우 창의적이며, 표현적이고, 장난기가 있고, 암시적이거나 은유적인 농담, 풍자, 이중적인 의미를 가졌을 때

활동사진

[그림 23] 예언화 SDT(초등학교 6학년 남)

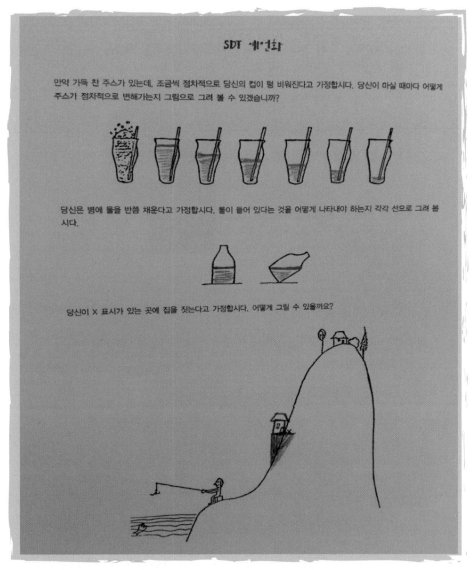

아동은 현재 모와 살고 부모의 이혼으로 힘들어 하는 상태이고 스트레스가 많으며 무기력한 상태다. 예언화에서는 연령에 비해 점수가 높은 편이다.

아동은 초등학교 6학년이다. 나이는 13세로 A형 자극그림을 제시했을 때 남자, TV, 아이스크림을 선택했다. 위 그림에서 남자 아이는 단스 위에 TV와 꽃병 인형을 그리고 자신의 뒷모습을 그리며 만화를 보고 있다고 하였다. 아이스크림을 먹으며 만화를 보는 것이 제일 행복하다고 말하였다. 현재 자신이 처해 있는 정서는 우울과 심리정서적으로 지친상태로 쉬고 싶고 부모의 이혼 문제로 무기력 해진 모습을 그림으로 표현하였다.

* 선택 능력(그림과 이야기의 내용 또는 메시지)

　기능적 수준: 인물들이 수행하는 내용이나 수행한 내용이 보이며 구체적이다. (3점)

* 결합 능력(그림의 형태)

　전반적 협응: 깊이를 묘사하거나 전체 그림 영역을 참작한다. 또는 2개 이상의 일련
　　　　　이 그림이 표함된다. (5점)

* 표현 능력(형태, 내용, 제목, 이야기의 창조)

　재구성: 자극그림이나 고정된 형태를 바꾸거나 정교화 한다. (3점)

* 상상화 반응에서 정서적 내용의 채점 지침

　중립적 주제: 예를 들면, 부정적이기도 하고 긍정적이기도 한 양면적인 묘사. 긍정적
　　　　　이지도 부정적이지도 않은 감정이 드러나지 않는 중립적인 상태. (3점)

* 자아상 채점 점수

　불분명하거나 애매모호한 유머의 사용. 좌절시키는 행동에서 사랑하는 행동, 어리석
　은 행동 에서 위험한 행동과 같은 긍정적이거나 부정적인 대상을 보고 웃게 될 때. (3점)

▶ **정서적투사:** 3점 중간정도로 애매하다.

▶ **자아상:** 2점 우울하고, 힘들고, 두렵다, 피곤하다

▶ **선택 능력:** 3점 대상자가 하는 것을 보여주는 기능적이다.

▶ **결합 능력:** 5점 볼수 있는 능력으로 잘 조직되었다.

▶ **표상 능력:** 3점 자극 그림을 재구조화 하고 작은 부분을 첨가하였다(인쇄된 그림을 TV 와 아이스크림은 그대로 붙였다).

관찰화

준거	해석
좌우	0점. 좌우관계가 바른 순서로 된 물체가 1개 있을 때 1점. 좌우 관계가 바른 순서로 된 물체가 2개 있을 때 2점. 2개 물체가 정확한 좌우 순서로 되어 있을 때 3점. 3개의 근접 또는 2쌍이 정확한 좌우 순서로 되어 있을 때 4점. 4개 모두가 대략 정확한 순서로 되어 있지만, 주의 깊게 관찰해 보면 정확하지 않을 때 5점. 모든 물체가 정확한 좌우 순서로 되어 있을 때
상하	0점. 모든 물체가 편평할 때, 높이를 나타내지 않을 때 1점. 모든 물체가 거의 같은 높이일 때 2점. 2개의 물체가 대략 정확한 높이로 되어 있을 때 3점. 3개의 물체가 대략 정확한 높이로 되어 있을 때 4점. 4개의 물체가 대략 정확한 높이이지만 주의 깊게 관찰해 보면 정확하지 않을 때 5점. 모든 수직관계가 정확하게 표시되어 있을 때
깊이	0점. 배열이 눈높이보다 아래에 제시되어 있어도 모든 물체가 수평적으로 일렬이거나 근접한 물체들이 깊이가 정확하게 관련되어 있지 않을 때 1점. 1개의 물체가 기초선 위나 아래에 있고, 그 외의 것은 전후 관계가 부정확할 때 2점. 2개의 물체가 전후 관계에서 대략 정확할 때 3점. 3개의 근접한 물체 또는 두 쌍이 전후 관계가 대략 정확할 때 4점. 4개 물체 모두가 전후 관계가 대략 정확하지만, 자세히 관찰하면 아닐 때 5점. 모든 전후 관계가 정확하게 나타나 있고 배치 용지가 그림에 포함되어 있을 때

[그림 26] 관찰

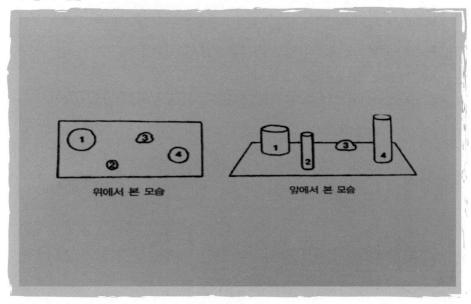

위에서 본 모습   앞에서 본 모습

관찰화 과제

사전에 배열을 하여 선보다 면으로 나타나도록 하기 위해 눈높이 아래의 탁자에 배치 용지를 놓는다(만약 눈높이 위에 놓으면 선으로 나타나게 되고, 깊이 지각을 방해한다). 그리고 배치 용지에 윤곽을 그리도록 원통과 커다란 조약돌이나 돌을 'ㄹ' 배치한다. 배열은 채점 표과 그림과 같이 배열한다.

"당신은 무엇인가를 그려야 하는데, 이것을 자세히 살펴보겠습니까? 여기에 그려야 하는 물건이 있습니다. 이것들을 주의 깊게 보고 아래의 공간에 그것을 그리십시오."

활동사진

[그림 27] SDT관찰화(초등학생 6학년 남)

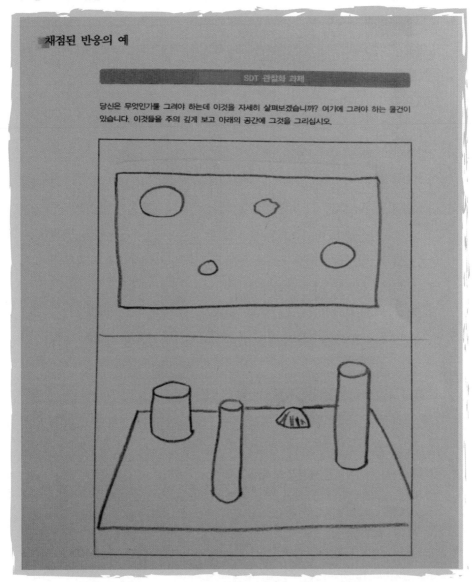

관찰화 채점

수평관계: 5점(모든 물체가 정확한 좌우 순서로 되어 있다)

수직관계: 5점(모든 수직 관계가 정확하게 표시되어 있다)

깊이관계: 5점(모든 전후 관계가 정확하게 나타나 있고, 배치 용지가 그림에 포함되어 있다)

DAS 이야기 그림 검사

그림 이야기 검사의 실시와 채점

이 과제는 피험자에게 개인 또는 집단으로 제시할 수 있다. 지시를 이해하는 데 어려움이 있는 아동이나 성인, 7세 미만의 유아와 임상적 시험이 필요한 응답자의 경우에는 개별적으로 실시해야 한다. 대상연령은 5세부터 성인까지다. 시간 제한은 없지만 대부분은 응답자들이 10분 이내에 과제를 끝낸다. 교사뿐만 아니라 미술치료사, 심리학자 그리고 다른 임상가들이 실시하고 채점하였다.

검사자는 각 피험자에게 양식 A, DAS를 그리는 검사지, 연필과 지우개를 준다.

10세 미만이거나 지침을 읽기 어려운 사람에게는 다음과 같이 말해준다.

"다음의 그림에 대한 흥미를 가질 것이라 생각합니다. 그림을 잘 그리거나 못 그리는 것은 전혀 문제가 되지 않습니다. 중요한 것은 자신의 생각을 표현하는 것입니다. 여기에 사람, 동물, 장소 및 사물에 대한 몇 가지 그림이 있습니다. 이 중에서 2개의 그림을 골라서 가능한 이야기를 상상해 보세요."

"준비가 되면, 여러분이 상상한 이야기를 그림으로 그려 봅시다. 여러분이 그린 그림에 대해 이야기를 만들고 무슨 일이 있었는지 보여 주십시오. 선택한 그림은 마음대로 바꿀 수도 있고, 그림에 얼마든지 추가시킬 수도 있습니다."

정서적 내용

준거	해석
정서	1점. 매우 부정적인 부제: 예를 들면 슬픔, 고립, 무력, 자살, 죽음 또는 파괴적, 살인적인 생명을 위협하는 관계 또는 치명적인 위험에 빠져 있는 고립된 대상
	2점. 다소 부정적인 주제: 예를 들면, 공포, 분노, 욕구불만, 반항적, 파괴적, 공격적 또는 불운한 것으로 묘사된 고립된 대상. 긴장되고 적대적이고 불쾌한 관계를 나타냈을 때
	3점. 중립적 주제: 예를 들면, 부정적이기도 하고 긍정적이기도 한 양면적인 묘사. 긍정적이지도 부정적이지도 않은 감정이 드러나지 않는 중립적인 상태
	4점. 다소 긍정적인 주제: 예를 들면, TV를 보거나 구조되는 것과 같은 수동적이지만 운 좋은 것으로 묘사되는 것, 친근하고 우호적이며 유쾌한 관계를 나타냈을 때
	5점. 아주 긍정적인 주제: 행복하고 능률적이며 활동적으로 보이고 목표를 달성하는 것으로 묘사, 서로 위해주거나 사랑하는 관계로 나타냈을 때
유머	1점. 강하고 공격적인 유머, 생명에 위협을 느끼거나 폭력의 희생자를 보고 웃게 될 때, 벌이나 과도한 힘의 욕구가 보일 때
	2점. 보통의 공격적인 유머. 고통 받고, 당황하거나 좌절하거나 불행한(자신을 포함하여) 누군가를 보고 웃게 될 때
	3점. 불분명하거나 애매모호한 유머의 사용. 좌절시키는 행동에서 사랑하는 행동, 어리석은 행동에서 위험한 행동과 같은 긍정적이거나 부정적인 대상을 보고 웃게 될 때
	4점. 자신을 망신시키는 유머, 동정이나 존경을 초래할 대상을 보고 웃게 될 때에로, 쾌활한 모습, 대처능력
	5점. 즐거운 유머, 즐거움, 이중적 의미나 말장난을 공유할 때(적개심, 부정, 숨겨진 의미가 없다)

<표 6> DAS 양식 A 반응의 이야기 내용 평가를 위한 평정척도

준거	해석
1점 강한 부정	a. 슬프거나, 고립되어 있거나, 도움을 받을 수 없거나, 죽을 위험에 처해 있는 인물 b. 파괴적, 살인적 또는 생명 위협적인 관계
2점 중간 정도의 부정	a. 좌절, 공포, 무서움 또는 불운한 인물 b. 스트레스를 느끼거나 적의가 있는 관계
3점 중간 단계	a. 애매하거나 갈등을 나타내는 부정적이면서 긍정적인 관계 또는 인물 b. 명료하지 않거나 분명하지 않은 관계 또는 인물 c. 부정적이든 긍정적이든 비정서적인 관계 또는 인물, 그려진 대상 또는 관계에 　대해 표현된 감정이 없는 인물
4점 중간 정도의 긍정	a. 행운은 있지만 수동적인 인물 b. 친한 관계
5점 강한 긍정	a. 행복하거나 목표를 달성한 인물 b. 돌봐주거나 사랑하는 관계

[그림 24]

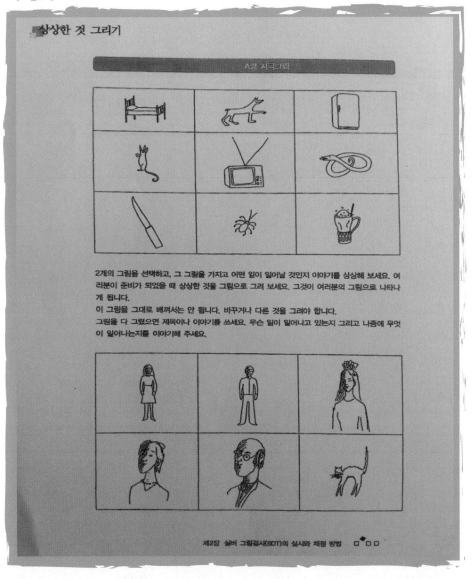

▶ 2개의 그림을 선택하고 그 그림을 가지고 어떤 일이 일어날 것인지 이야기를 상상 한다. 상상한 것을 그림으로 그린다.

▶ 그림을 다 그렸으면 제목이나 이야기를 쓴다. 그리고 무슨일이 일어나고 있는지 이 야기를 들려준다.

[그림 25] 상상화 (초등학교 6학년 남)

이야기: 나는 요즘 너무 피로해서. 내가 좋아하는 TV 만화보며 누워있거나 아이스크림 먹으면서 놀고 싶다. 새학기라서. 힘들고 부모님도. 힘들다

성명: ○○○ 성별: 남 연령: 13 거주지: ○○ 일자: 2017. 0. 0.
나는 지금 매우 행복하다( ), 좋다( ), 화가 난다( ) 피곤하다(○)
슬프다( ), 두렵다(○)

[그림 28] DAS 이야기 그림 검사. 실버그림검사 B.

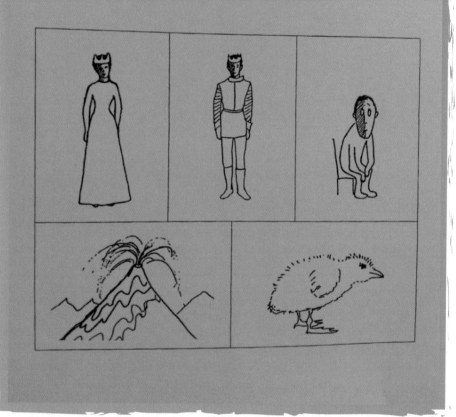

SDT 상상화

실버 그림검사 B형

두 카드를 선택하여 아이디어나 이야기를 상상해 보십시오. 당신이 선택한 카드에서 어떤 일이 일어날까요?
당신이 준비되었다면, 어떤 상상이 되는지 그림을 그려 보십시오. 당신이 그린 그림에서 어떤 일이 일어날까요?
당신이 그림을 마쳤다면, 제목과 이야기를 적어 보세요. 지금 무슨 일이 일어났는지, 이후에는 어떤 일이 벌어질지에
대해 말해 보세요.

[그림 29] DAS 이야기 그림 검사. DAS 이야기 그림 검사(초등학교 5학년 여)

아동은 새로운 희망과 즐거움을 찾고 좋은 관계를 맺는 것으로 보여진다.

5점 강한 긍정 - a. 행복하거나 목표를 달성한 인물. b. 돌봐주거나 사랑하는 관계.

[그림 30] SDT 상상화 양식

SDT 상상화

그림

이야기 : _____

_____

_____

아래 부분의 빈칸을 채워 주십시오.

이름 :   성별 :   나이 :   지역 :   날짜 :

지금의 기분은   매우 행복하다   좋다   화난다   피하고 싶다   슬프다

※ 참고도서

Silver, R.(2002). Three Art Assessments. 이근매 · 조용태 · 최외선 역(2007). 세 가지 그림심리검사.
서울: 시그마프레스.

14회기: 정서경험(우울/불안) ⇨ 사과나무에서 사과를 따는 사람 그림

사과나무에서 사과를 따는 사람 그림(Person Picking an Apple from a Tree: PPAT)은 Gantt 와 Tabone(1998)이 『미술치료 척도의 형식 요소(The Formal Elements Art Therapy Scale)』라는 책을 통해 소개하고 있다. PPAT가 다른 그림검사와 구별되는 것은 한 장의 종이에 나무와 사람의 모습이 같이 나타나고, 동작성이 있고 제시된 주제가 문제해결을 요구하고 있고, 구체적인 대상과 해결방식을 그리는 것이므로 그린 사람의 문제해결 능력을 측정할 수 있다는 점이다(박성혜, 2011).

목표
문제해결능력을 진단하는 데 유용하다.

기대효과
① 문제해결 방식과 문제해결 능력을 진단한다.
② 우울증, 조증, 뇌기능장애, 정신분열증 등의 심리상태를 파악한다.

준비물
8절지, 12색의 마커(빨강, 노랑, 주황, 밝은 파랑, 파랑,, 연두, 녹색, 갈색, 고동, 분홍, 보라, 검정)

활동방법
도입(10분): 인사나누기를 통해 내담 아동의 정서를 관찰하고 손쉬운 놀이나 게임으로 안정감을 줄 수 있는 워밍업 시간을 갖는다.

활동(30분):
① 지시문은 다음과 같다.
  "사과나무에서 사과를 따는 사람의 그림을 그리세요."
② 제한 시간은 없다.
③ 질문에 대해서는 "자유롭게 그려 주세요."라고 한다.

이야기(10분):

완성한 그림을 보고 그릴 때 어떤 느낌이 였는지, 어떤 것이 잘 그려지고 힘들었는지 그릴 때 이 기분과 다 그리고 나서의 소감을 이야기 한다.

진단기준 (Gantt&Tabone, 1998)

① 형식척도

준 거	해 석
색칠 정도	0점. 그림을 전혀 그리지 않음 1점. 형태의 테두리선에만 색이 사용됨 2점. 한 가지에 색칠이 됨 3점. 두 개 이상의 항목에 색칠이 됨 4점. 모든 대상에 색칠이 됨 5점. 공간까지도 색칠이 됨
색의 적절성	0점. 그림을 전혀 그리지 않음 1점. 한 가지 색 사용: 밝은 파랑, 보라, 주황, 노랑, 분홍 중 한 가지 2점. 한 가지 색 사용: 빨강, 연두, 초록, 갈색, 고동, 검정 중 한가지 3점. 몇 가지의 색이 적합하게 사용 됨 4점. 대부분의 색이 적합하게 사용 됨 5점. 모든 색이 적합하게 사용 됨
내적 에너지	0점. 그림을 전혀 그리지 않음 1점. 최소한의 에너지 2점. 적은 에너지 3점. 보통 에너지 4점. 상당한 에너지 5점. 과도한 에너지

공간	0점. 그림을 전혀 그리지 않음
	1점. 공간을 25% 미만 사용함
	2점. 공간을 25~50% 정도 사용함
	3점. 공간을 50% 사용함
	4점. 공간을 75% 사용함
	5점. 공간을 100% 사용함
통합	0점. 그림을 전혀 그리지 않음
	1점. 전혀 통합되지 않음
	2점. 최소 2개의 요소가 가깝지만 관련성이 없음
	3점. 2가지 요소 간 관계가 있음
	4점. 3가지 이상 관련이 있음
	5점. 완전히 통합되어 있음
논리성	0점. 그림을 전혀 그리지 않음
	1점. 적당하지 않은(기괴한)요소가 4개 이상
	2점. 적당하지 않은 요소가 3개
	3점. 적다하지 않은 요소가 2개
	4점. 적당하지 않은 요소가 1개
	5점. 완전히 논리적임
사실성	0점. 그림을 전혀 그리지 않음
	1점. 사람이나 사과, 나무를 확인할 수 없음
	2점. 그림의 항목을 구분할 수는 있으나 매우 단순한 단일 선이나 형태만 그림
	3점. 일부 그림 내 항목은 완전하게 그림
	4점. 비교적 사실적임
	5점. 3차원적으로 잘 그림
문제해결력	0점. 그림을 전혀 그리지 않음
	1점. 사과가 손에도 바구니에도 없음
	2점. 사람이 사과를 손이나 바구니에 가지고 있으나 어떻게 가졌는지 알 수 없으며 사람이 사과나무를 향하고 있지 않음
	3점. 사과를 가지고 있거나 땄는데 비현실적인 해결책을 사용함
	4점. 사람은 땅에 있거나 다른 현실적인 받침(사다리나 바위)이 있고 사과를 향하고 있음
	5점. 사과를 손에 가지고 있음

발달단계	0점. 그림을 전혀 그리지 않음
	1점. 난화 형태
	2점. 4~6세: 기저선이 없고, 사람의 팔이 머리에서 나오고, 기하학적인 사람 표현
	3점. 7세 이후 아동기: 기저선이나 하늘선이 보이고 대상은 기저선 위에 있음
	4점. 청소년이고서 대상은 실제 크기, 다른 대상과 관계가 있으며, 겹쳐지기도 함
	5점. 예술적인 세련됨이 보임
세부묘사	0점. 그림을 전혀 그리지 않음
	1점. 단순하게 그려진 사람, 나무 사과 외에 기타 묘사가 없음
	2점. 사람이나 사물에 부가물이 있음
	3점. 1~2개의 부가적인 주변 묘사 등(예: 꽃, 해)이 있음
	4점. 주요 항목에 부가물이 있고, 많은 주변 환경물(예: 구름, 새, 다른 나무, 장식물, 머리띠, 허리벨트 등)이 있음
	5점. 모든 주요 항목에 부가물이 있고, 독창적이고 풍부한 주변 환경을 묘사(울타리 집, 특별한 장식의 옷)
선의 질	0점. 그림을 전혀 그리지 않음
	1점. 산만하고 조절되지 않은 선
	2점. 손의 떨림이 느껴지는 선
	3점. 부분적으로는 잘 연결되어 있고 일부분은 끊어지고 점으로 그려진 선
	4점. 잘 조절된 선
	5점. 지나치게 강하고 흐르는 듯한 선
사람	0점. 그림을 전혀 그리지 않음
	1점. 사람의 형태로 인식하기 어려운 경우
	2점. 신체의 일부만 있거나 단순화된 형태
	3점. 최소한 동그라미 머리 형태를 가진 막대기 형태의 사람
	4점. 일부 손상된 신체상을 그림
	5점. 생략된 부분이 없는 3차원적인 신체상을 그림
변환성 (기울기)	

보속성 (반복성)	0점. 그림을 전혀 그리지 않음
	1점. 보속성이 상당히 많이 있음(예를 들어, 선을 그리고 또 그려서 움푹 들어갈 정도로 종이가 닳음)
	2점. 보속성이 많이 있음
	3점. 보속성이 어느 정도 있음(예를 들어, 다수의 가지로 보이는 작은 흔적과 같은 것이나, 오직 한 영역에만 선을 반복적으로 그림)
	4점. 보속성이 조금 있음
	5점. 보속성이 없음

② 내용척도

준 거	해 석
용지의 방향	가로 세로
사용된 색의 수	빨강, 노랑, 주황, 밝은 파랑, 파랑, 연두, 녹색, 갈색, 고동 분홍, 보라 검정
사람	· 사람 없음 · 사람 있음
사람에 사용된 색	빨강, 노랑, 주황, 밝은 파랑, 파랑, 연두, 녹색, 갈색, 고동 분홍, 보라 검정
사람의 성	· 알 수 없음 · 분명한 남자 · 모호한 남자 · 분명한 여자 · 모호한 여자

사람의 실질적인 에너지	· 엎드려 있음 · 앉아 있음 · 땅에 서 있음 · 사다리(받침대)에 서 있음 · 방향 없음 · 사과나무를 향함 · 둥둥 떠 있음 · 매달려 있음 · 뛰어오름 · 뛰어내림 · 기어오름 · 날고 있음 · 기타
사람의 얼굴방향	· 평가할 수 없음 · 정면: 생김새 없음 · 정면: 생김새 있음 · 옆얼굴 · 얼굴의 3/4 보임 · 뒷모습
나이	· 평가할 수 없음 · 아기, 어린이 · 청소년, 성인
옷	· 모자 · 옷이 없음(막대형 사람) · 나체 · 옷으로 추측됨 · 잘 그려진 옷(사람과 다른 색으로 표현된 옷) · 전통의상

사과나무	· 사과나무나 가지, 줄기가 분명하지 않음
	· 오로지 1개의 사과만 있음
	· 나무줄기는 없고 한 가지에 사과가 1개 달림
	· 나무줄기, 수관이 있으면서 사과가 1개 달림
	· 2~10개의 사과
	· 10개가 넘는 사과
	· 사과가 수관의 가장자리에 위치
사과나무 색	· 나무줄기: 갈색(황토색), 고동, 검정, 기타
	· 수관: 연두(진초록), 기타
	· 사과: 빨강, 노랑, 주황, 연두(진초록), 두 가지 색 이상, 기타
주변 황경의 묘사	· 없음
	· 자연물: 해, 일출, 일몰/잔디와 지평선/꽃/다른 나무/구름, 비, 바람/산과 언덕/호수와 연못/시냇물, 강, 작은 내/하늘/무지개
	· 동물: 개/고양이/소, 양, 농장동물들/나비/기타/상상의 동물
	· 무생물: 울타리/집/길, 도로/자동차, 트럭, 마차/기타/사다리/바구니/상자/컨테이너/사과 따는 기구/막대기/사인/기타
다른 형태들	· 글쓰기(사인 이외의 것)
	· 숫자(날짜 이외의 것)
	· 기하학적인 형태
	· 표면상의 무질서한 기호들
	· 기타

[그림 29] PPAT(초등학교 2학년 여)

바구니에 이미 사과가 가득한데 나무에도 많이 열림.

평소 자신의 능력에 비해 하고 싶어 하는 욕구가 크고, 그래서 실패를 많이 경험(만들기를 혼자 하다가 망치거나 하는 등).

※ 참고도서

지옥진(2006). 집단미술치료가 정신지체 청소년의 자율신경계에 미치는 영향.

이숙민·송순(2018). 성폭력피해 청소년의 정서안정감, 자아탄력성, 자아존중감 향상을 위한 인간중심 미술치료 사례연구. 디지털융복합연구 16(2), 385-402.

15회기: 자원탐색 ⇨ 모자화

미국의 임상심리학자인 Gillespie(1994)의 연구에 따르면 모자화(Mother-and-Child Drawings: MCD)는 Klein이 발전시킨 대상관계를 이론적 배경으로 하고 있다. 이 이론을 바탕으로 그림에 투사된 어머니상과 아이상의 교류를 통해 내담자 마음속에 있는 어머니와 아이의 관계를 파악하고, 현실의 대인관계를 이해하고자 하는 것이다.

목표
내면화된 어머니와 자녀 관계를 참색하고 현실의 대인관계를 이해한다.

기대효과
① 내담자의 대상관계를 파악할 수 있다.
② 내담자의 대인관계를 파악할 수 있다.

준비물
A4 용지, 4B 연필, 지우개

활동방법
도입(10분): 인사나누기를 통해 내담 아동의 정서를 관찰하고 손쉬운 놀이나 게임으로 안정감을 줄 수 있는 워밍업 시간을 갖는다.

활동(30분):
① 지시문은 다음과 같다
"어머니와 아이의 그림을 그려 주세요."
② 그리는 동안의 질문에 대해서는 "자유입니다."라고 말하여 자유롭게 표현하도록 한다.
③ 용지를 세로 형태로 그리는 경우에도 별다른 주의를 주지 않고 그대로 그리도록 한다.

이야기(10분):

그림을 다 그린 후 다음과 같은 질문을 한다(Gillespie, 1994).

▶ 아이의 성별은 무엇입니까?

▶ 아이는 몇 살 정도입니까?

▶ 어머니는 몇 살 정도입니까?

▶ 어머니와 아이는 무엇을 하고 있는 중입니까?

▶ 아이는 무슨 생각을 하고 있습니까?

▶ 어머니는 무슨 생각을 하고 있습니까?

▶ 어머니와 아이의 어느 쪽에 친밀감이 느껴집니까?

진단기준(Gillespie, 1994)

준거	해석
표정	1점. 모자: 웃는
	2점. 모: 웃는, 자: 웃지 않는 // 모: 웃지 않는, 자: 웃는
	3점. 모자: 웃지 않는
	4점. 모: 웃는, 자: 뒷모습
	5점. 모자: 공백의 얼굴 // 모자: 뒷모습 // 모: 웃는, 자: 공백의 얼굴 // 모: 뒷모습, 자: 웃지 않는 // 모: 웃지 않는, 자: 공백의 얼굴
	6점. 모: 웃지 않는, 자: 뒷모습 // 모: 공백의 얼굴, 자: 웃지 않는
	7점. 모: 공백의 얼굴, 자: 웃는
	8점. 모: 공백의 얼굴, 자: 뒷모습 // 모: 뒷모습, 자: 공백의 얼굴
신체 접촉	1점. 안고 있음
	2점. 손을 잡고 있음
	3점. 접촉 없음
	4점. 아이로부터 접촉
눈맞춤	1점. 모 ↔ 자
	2점. 모 → 자
	3점. 눈맞춤 없음
	4점. 자 → 모

모자화 점수 (① + ② + ③)	3점(양호), 4~5점(약간 양호), 6~9점(보통), 10~11점(약간 불량), 12~16점(불량)
PDI지표	· 모자의 행위 · 어머니가 생각하고 있는 것 · 아이가 생각하고 있는 것

활동사진

[그림 29] 모자화(유치원 7세 여)

병설유치원에 다니는 7세 여아. 언어표현이 좋고 T와 있으면 말을 잘하는데, 낯선 사람이나 낯선 상황에서 쑥스러워하고 부끄러워한다.

아동이 엄마를 그리면서. 머리 부분에서 모자를 그렸다가 지우고. 길게 은 머리를 그렸다가 지우고. 쪽머리와 리본으로 해준다.

손이 어디에 있느냐고 했는데, "팔은 허리에 해서 안 보이죠."

망토를 엘사처럼 해주고 긴 드레스에. 여러 가지 색을 칠한다.

▶ 아이는 몇 살 정도입니까? - "7세"

▶ 어머니는 몇 살 정도입니까? - "내가 6살 때 37이니까, 7살 됐으니까 38세에요."

▶ 어머니와 아이는 무엇을 하고 있는 중입니까? - "둘이 TV보고 있어요. 엄마와 함께
  런닝맨 볼 때 좋구요. 만화로도 런닝맨 씨리즈 봐요."

▶ 둘이 기분은 어때요? - "기분이 좋아요."

▶ 엄마가 제일 좋을때는 언제죠? - "장난감이나 먹을거 사줄 때죠."

▶ 싫을때는 있어요? - "화낼 때요. 근데 요즘 화 안 내요."

▶ "드레스에 여러 가지 색으로 칠했네요.", "여러가지 색으로 칠하니까 예쁘잖아요.",
  "빨주노초파남보에서 드레스 칠하고. 망토를 보라색으로 칠해야지.", "엄마랑 똑같
  이 그렸네.", "나는 언제나 똑같이 그려요. 10명이라도."

구체적 조작기로 한 번 인지한 것을 계속 똑같은 패턴으로 그리는 시기다.

[그림 30] 모자화(중학교 1학년 여)

▶ 아이의 성별? - "여자 아이"

▶ 아이는 몇 살 입니까? - "유치원생"

▶ 엄마 아빠와 일본 여행 중에 사진을 찍고 있다.

▶ 어머니와 아이는 사진을 찍고 있으며 둘의 사진을 아버지가 찍고 있는 중.

▶ 아이는 여행에 들떠서 행복하다.

▶ 어머니는 가족 여행의 즐거움을 느끼고 있다.

▶ 아이에게 더 친근감을 느낀다.

아이는 자기의 자녀고 어머니가 본인이라고 말했음(피검자는 어릴적 부모가 헤어졌으며 한번
도 가족여행을 한 적이 없다고 말함).

모자만 그리라고 했는데, 사진을 찍고 있지만 부를 그려넣었고 모든 그림에 항상 미래
를 그림.

※ 참고도서
馬場史津 (2005). 母子畵. 이금매, 최외선 역(2012). 모자화. 서울; 스그마프레스.

16회기: 정서경험 ⇨ 빗속의 사람

PITR은 Anold Abrams와 Abraham Amchin에 의해 개발 발전된 것으로 인물화 검사가 변형된 것으로 빗속에 서 있는 사람을 그리도록 하는 것이다.

이 검사의 목적은 임상에서 환자 개인의 강점을 측정하는 것이다. 이 환자는 힘든 상황에서 어떻게 반응하는가? 이 사람은 불안스러운 상황을 이겨내기 위하여 개인의 어떤 잠재력을 사용하는가? 이 내담자는 어려운 상황을 대면하기 위해서 어떠한 방어기재를 사용하는가? 등을 알아보기 위하여 빗속에 있는 사람을 그리게 한다. 그러한 주제의 그림으로 당사자의 정신력을 진단한다.

빗속의 사람 그리기의 진단에 나타난 결과는 일반적으로 다음과 같다. 스트레스를 받으면서도 자신이 그렇게 무력하지 않다고 생각하며, 그러한 상황에도 심하게 두려워하거나 불안해하지 않는 사람은 대부분 비옷이나 비를 피하는 옷, 혹은 우산을 펴고 만족한 표정을 짓고 있다. 반면에 조그만 한 불안에도 심하게 반응하는 사람은 아주 겁에 질렸거나 무기력한 상황을 그린다.

이러한 검사의 결과를 통하여 당사자의 상황적응을 다양하게 알기 위하여 인물화 검사를 병행하는 것도 유익하다.

목표
현재 겪고 있는 스트레스 정도와 스트레스 대처양식을 파악한다.

기대효과
우울 감을 해소시킬 수 있다.

준비물
도화지(A4) 1장, 연필, 지우개

도입(10분): 인사나누기를 통해 내담 아동의 정서를 관찰하고 손쉬운 놀이나 게임으로 안정감을 줄 수 있는 워밍업 시간을 갖는다.

활동(30분): "비가 내리고 있습니다. 빗속에 나를 그려주세요. 만화나 막대기 모양의 사람이 아닌 완전한 사람으로 그려주세요."라고 지시한다.

이야기(10분): 그림을 다 그린 후에는 그림을 그린 순서와 나는 무엇을 하고 있는지, 어떤 생각을 하고 있는지를 적어달라는 지시를 한다.

- ▶ 나는 무엇을 하고 있습니까?
- ▶ 나는 이 그림에서 몇 살입니까?
- ▶ 나의 현재 기분은 어떨까요?
- ▶ 그림 속의 나에게 필요한 것을 무엇일까요.

주의사항

검사자는 피검자에게 자신이 그리고 싶은 대로 자유롭게 그릴 수 있도록 해야 하며 그림의 모양이나, 크기, 위치, 방법 등에 대해서는 어떠한 단서도 제공하지 않도록 주의해야 한다.

진단기준

① **빗줄기의 양:** 비는 스트레스로 빗줄기의 양은 스트레스의 양을 나타낸다. 빗속의 나를 그리라고 했지만 그림 속에 비가 없다거나, 빗물이 아주 적은 경우는 내담자가 스트레스의 무딘 경우라는 것을 나타낸다. 그러나 빗줄기의 양과 굵기가 굵다면 받고 있는 스트레스의 양이 그 만큼 많다는 것을 나타낸다.

② **비에 대한 대응:** 비에 대한 대응은 스트레스에 대한 대응을 나타낸다. 우산을 쓴다

거나, 처마가 달린 집에 피해 있다는 것 등 비를 맞지 않고 대응을 한다면 그것은 내담자가 처해 있는 스트레스에 적절히 대응하고 있다는 것을 의미한다. 반면 어떠한 대응 없이 비를 맞고 있다는 것은 스트레스에 적절히 대응하지 못한다는 것을 의미한다.

③ 사람(나)

▶ **사람의 크기:** 그림 속 나의 크기는 자신의 자아에 대한 크기를 나타낸다.

▶ **표정:** 스트레스를 받으면서 나타나는 자아의 표정 즉 스트레스 상황에서의 사람의 표정을 나타낸다.

④ 기타

▶ **가로등:** 애정, 지지, 관심 등을 나타낸다.

▶ **우산의 크기:** 우산이란 비에 대한 대응, 즉 스트레스에 대한 대응을 의미하는데, 이러한 우산이 지나치게 클 경우 스트레스에 대처하는 데 에너지를 다 쓴다는 것을 의미한다.

▶ **천둥·번개:** 지금 상당한 스트레스에 직면해 있다는 것을 나타낸다.

▶ **타인에게 우산을 씌어 주는 경우:** 자신이 타인의 스트레스까지 맡으려는 것을 의미한다.

활동사진

[그림 31] '빗속의 사람' (중학교 1학년 여)

① 무엇을 하고 있나요? - "신호등을 건너려고 기다리고 있어요."

② 몇 살인가요? - "10살."

③ 현재 기분은 어떤가요? - "즐거워요. 비 오는걸 좋아해요."

④ 필요한 것은? - "빨리 신호가 바뀌는 것."

⑤ 비를 조금만 그린 이유는? - "그리기 귀찮다."

[그림 32] '비속의 사람' (초등학교 3학년 여)

우산이 풀잎(큰 잎)이다.

① 비 오는데 엄마를 기다리는 아이

② 7살

③ 춥고. 기다리기 힘들다.

④ 엄마. 따뜻한 핫초코.

※ 참고문헌
박윤미·박신자(2011). 최신 미술치료 핸드북, p.72-75. 이담 book.
이숙민·송순(2018). 성폭력피해 청소년의 정서안정감, 자아탄력성, 자아존중감 향상을 위한 인간중심
미술치료 사례연구. 디지털융합복합연구 16(2), 385-402.

17회기: 정서경험 ⇨ 지금 – 여기: 색으로 표현하기

빨간색을 볼 때와 파란색을 볼 때 우리가 느끼는 감각과 정서는 매우 다르다(Sun&Sun, 1992). '새하얗게 질리다', '눈앞이 까매지다', '붉으락푸르락하다' 등 우리의 정서를 색과 함께 많이 표현하기도 한다. 치료 과정에서 만나는 내담자들 중 많은 사람들이 사고나 정서를 그 순간 표현하지 못하여 감정으로 쌓게 되고, 과거의 감정들이 현재의 삶에 영향을 미치고 있다는 것을 인식하게 된다. 지금 – 여기의 감정 표현은 보다 풍요로운 삶을 살 수 있도록 돕는다.

목표
① 지금 – 여기에서 느껴지는 감정들을 색으로 자유롭게 표현함으로써 지금 – 여기의 정서를 인식한다.
② 자신을 편안하게 하는 색을 선택하여 작업함으로써 색의 긍정적 효과를 경험한다.

기대효과
① 내담자의 정서를 알 수 있다
② 과거의 사건이 현재의 삶에 미치는 영향을 파악할 수 있다.

준비물
도화지, 색연필, 사인펜, 매직, 마커 등 원하는 채색도구, 전지, 물감, 물통, 접시, 빽붓

활동방법
도입(10분): 인사나누기를 통해 내담 아동의 정서를 관찰하고 손쉬운 놀이나 게임으로 안정감을 줄 수 있는 워밍업 시간을 갖는다.

활동(30분):
① 눈을 감고 지금의 마음을 살펴본다.

② 지금의 기분이나 감정에 가까운 색을 선택한다.

③ 왼손으로 낙서하듯 손 가는 대로 마음대로 표현한다.

④ 도화지를 가득 메웠다면 또 다음 장에 같은 방식으로 그만하고 싶을 때까지 표현을 한다.

⑤ 감정으로부터 충분히 자유로워졌다고 느낄 때 그만두면 된다.

이야기(10분):

① 완성된 그림이나 채색난화를 보고 내담자가 느끼는 이미지를 제목으로 만들고 느낌을 이야기 하는 시간을 갖는다.

활동사진

[그림 33] 정서경험 – 현재(초등학교 2학년 여)

현재의 나의 기분을 색으로 표현해보도록 했는데, 아동은 자신을 그리겠다고 하면서, "저는 그림을 못 그려요. 그래서 학교에서 졸라맨으로 그려요."하며 사람을 그리고 다시 잘못 그렸다며 뒷장에 다시 그렸다. 눈 그리는 것은 친구들이 가르쳐 주었다며 반짝거리는 눈으로 그리고, 몸은 빨강색으로, 다리는 파란색으로 칠해주었다.

지금 뭐하는 거에요? - "달려가고 있어요. 달리기 시합해요."
기분은 어때요? - "기분이 좋아요."
가족 중에 가장 좋은 사람은? - "다 좋아요. 큰 할머니는 잘 때 등 긁어주고 엄마는 어디 잘 데려가고, 아빠는 게임하게 해주고, 동생은 웃기고요, 할아버지는 장난감 잘 고쳐주시고, 할머니는 내가 무서우면 알아서 같이 자요."

동생에 대해서 부정적인 마음에 소리 지르고, 화내고 했었는데 긍정적으로 변화되었다.

[그림 34] 정서경험 - 현재 (초등학교 6학년 여)

색으로 지금 현재 느끼는 감정을 지금 - 여기의 정서를 인식할 수 있도록 한다. 한참을 생각하다가 요즘 편안한 마음이라고 말하고 첫 번째 주황색 색연필로 원을 그린다. 두 번째는 노랑색으로 겹쳐서 칠하고 아주 좋은 것은 아닌 중간의 마음을 연두색으로 겹쳐서 칠해주었다.

[그림 35] 정서경험 - 과거(초등학교 6학년 여)

다음에는 과거의 정서를 색으로 표현하도록 했는데, 마구 그리듯이 별 모양을 힘을 주어 검정색으로 칠하고 보라색으로 두 번째 색으로, 세 번째 색은 다른 정서보다 중간 정도로 아주 나쁘지도 좋지도 않은 상태를 해주었다.

[그림 36] 정서경험 - 미래(초등학교 6학년 여)

세 번째 미래에 대해서 색칠한 것은 주황색으로 원을 그리다가 빨강, 핑크, 노랑으로 마무리 하였다. 과거는 부모님이 이혼하면서 너무 위축되고 친구들과도 가까이 가지 못하고, 경제적으로도 부족한데 엄마가 늦게 오는 것도 너무 무서웠다. 현재는 마음이 많이 좋아졌는데, 아직도 옛날 감정이 올라온다는 표현을 하면서 색으로는 현재와 과거의 잔재가 연두색으로 연결되어 있는 정서다.

미래에는 돈을 많이 벌 것이고, 하고 싶은 것은 다 하고 행복하게 살 것이다. 미래의 이미지를 보고 연상되는 단어를 써보라고 했다. 아동은 "마치 떠오르는 태양 같아요." 한다.

이 과정을 통해서 아동은 현재의 삶을 인식하고, 미래를 긍정적으로 표현하므로 더 풍요로운 삶을 살 수 있을 것 같다.

※ 참고문헌
지옥진(2006). 집단미술치료가 정신지체 청소년의 자율신경계에 미치는 영향. 원광대학교 석사논문.

18회기: 정서경험 ⇨ CRR세가지 색 표현하기

Howard와 Dorothy Sun은 색채심리검사(Color Reflection Reading: CRR)에서 여덟 가지 색 - 빨강, 주황, 노랑, 초록, 청록, 파랑, 보라, 마젠타 - 에서 지금 이 순간 마음에 끌리는 세 가지 색을 선택하도록 한다. 첫 번째 색은 개인적인 본질을 의미하고 두 번째 색은 현재와 관련된 색이며 세 번째 색은 목표, 내면적인 소망을 의미한다(Sun&Sun, 1992). 선택한 세 가지 색을 활용하여 자신을 표현함으로써 자신을 더 잘 이해하고 현재를 긍정적이며 발전적인 방향으로 안내한다.

목표
현재의 내담자의 욕구를 파악할 수 있다.

기대효과
① 선택한 색을 통해 자신의 성격을 이해한다.
② 색을 표현하는 작업으로 감각적으로 자신의 욕구를 탐색하고 인식한다.

준비물
색채심리검사용 도구(여덟 가지 색), 도화지, 물감, 팔레트, 물통, 다양한 크기의 붓

활동방법
도입(10분)
인사나누기를 통해 내담 아동의 정서를 관찰하고 손쉬운 놀이나 게임으로 안정감을 줄 수 있는 워밍업 시간을 갖는다.

활동(30분)
① 색채심리검사 도구인 여덟 가지 색 중에서 세 가지 색을 선택하도록 한다.
② 세 가지 색의 의미를 안내한다.

③ 첫 번째 선택한 색을 사용하여 자유 작업을 한다.

④ 작업이 끝나면 자신의 본질을 주제로 이야기를 나눈다.

⑤ 두 번째 선택한 색을 사용하여 자유 작업을 하고 현재를 주제로 이야기를 나눈다.

⑥ 세 번째 선택한 색을 사용하여 자유 작업을 하고 미래나 목표를 주제로 이야기를 나눈다.

이야기(10분)

① 색을 선택하게 된 이유와 의미를 나누며 자신을 이해할 수 있다.

② 작품의 전 과정과 활동 후 표현한 감정들 느낀 점에 대해 이야기를 나눈다.

③ 치료환경 정리 정리정돈

진단적 적용

① 색채심리검사에서 세 가지 색을 선택할 때 오랫동안 생각하거나 좋아하는 색을 선택하려고 애쓰지 않고 순간적으로 선택하도록 안내한다.

② 작업 후 나누는 이야기의 주제는 반드시 자신의 본질, 현재, 미래일 필요는 없다. 작품의 제목을 붙여 보고 작업으로부터 표현된 내용을 중심으로 이야기를 나눌 수도 있다.

③ 특별한 이야기가 없다면 표현된 색에 대한 느낌이나 관련된 경험에 대해 이야기를 나눈다.

④ 색채 호흡이나 색채 시각화를 안내하여 실생활에 적용해 볼 수 있도록 할 수 있다.

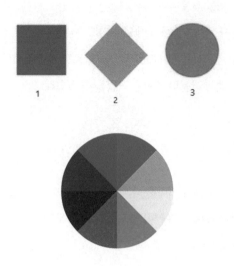

첫 번째 색상	의미 (나는 진짜 어떤 사람인가?)
![빨강] **빨강**	남을 따르기보다 먼저 앞서 이끄는 성격으로 사교적이며 지도력이 있다. 경쟁심이 강하고 정열적이다. 목표달성, 성공이라는 말을 자주 언급하며, 계획이나 전략보다 결단력을 믿고 목표를 향해 행동한다. 끊임없이 에너지가 솟구치는 당신, 논리와 감정의 조화를 위해 노력하자.
두 번째 색상	의미 (현재 내가 처한 상황은?)
![주황] **주황**	내적으로 균형을 찾기 위해 노력할 때. 강압적 태도가 자주 보일 수 있으니 느긋하고 편안하게 나에게 시간을 주자.
세 번째 색상	의미 (목표 달성을 위해 지금 내게 필요한 건?)
![초록] **초록**	편안한 사람들과의 의미 있는 관계 형성을 통해 나의 가치를 찾아보자. 인생을 즐거움을 찾고 새로운 시각으로 바라보는 계기를 통해 상실과 무기력에서 벗어날 수 있다.

활동사진

[그림 37] CRR 1, 빨강 '실을 감는다' (초등학교 6학년 여)

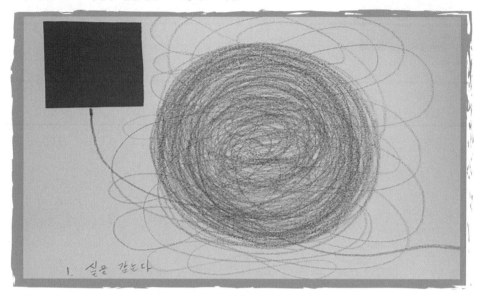

아동은 8가지 색 중에 제일 먼저 빨강을 골랐다.

빨강색. 색종이를 도화지에 붙이고 현재의 마음을 자유롭게 표현해보라고 했다. 빨강

색을 지그재그 춤추듯이 선을 그리고 원을 빨강, 주황, 핑크색으로 칠해 주었다. 완성한

후에 무엇인지 작품을 보고 어떤 제목이 생각나는지 물었다. "실타래 같은데. 실을 감

아야 할 것 같아요."하면서 제목을 '실을 감는다'라고 썼다.

[그림 38] CRR 2, 주황 '꽃이핀다'(초등학교 6학년 여)

두 번째 색은 주황색을 골랐다.

주황색 색종이를 도화지에 붙이고 꽃잎과 잎사귀를 그린 후에 마음이 편안하다며 제

목을 '2. 꽃이 핀다'라고 썼다.

[그림 39] CRR 3, '초록 목표를 하나씩 이룬다' (초등학교 6학년 여)

세 번째 색은 초록색으로 선색해서 도화지에 붙이고 산봉우리를 그려 주었다. 산봉우리는 자신이 이루고 싶고 하고 싶은 목표를 달성해가는 과정으로 '3. 목표를 하나씩 이룬다'라고 제목을 썼다.

아동은 자신이 하고 싶은 것, 이루고 싶은 것들이 많은데 큰 것도 있고 작은 소망도 있어서 산봉우리로 표현된 것 같다고 설명하였다.

3가지 컬러로 살펴보는 현재 나의 심리상태

어떤 색을 선택했나? (빨강) (주황) (초록)

– CRR(Color Reflection Reading) **분석법: 결과 보기**

선택한 세 가지의 색상은 순서에 따라 그리고 색의 조화에 따라 복합적으로 의미를 해석할 수 있다.

순서가 지니는 의미

첫 번째로 고른 색은 개인의 본질을 나타내며, 내가 진짜 어떤 사람인지 말해준다. 솔직한 나의 표현이고 기본 성격과 상황에 따른 반응양식을 확인할 수 있다. (진짜 나는 어떤 사람인가)

두 번째로 고른 색은 육체적, 정신적, 정서적인 면에서 내가 처해 있는 현재를 말해준다. 무의식의 욕구를 반영하고, 지금 내게 즉시 필요한 색이기에 해결해야 할 문제를 나타내기도 한다. (현재 내가 처한 상황은?)

세 번째로 고른 색은 나의 내면적 비전이 반영되어 있으며 목표와 목표 달성을 위해 어떤 행동이 필요한지 알려준다. (목표 달성을 위해 지금 내게 필요한 것)

※ 참고문헌

이숙민·송순(2018). 성폭력피해 청소년의 정서안정감, 자아탄력성, 자아존중감 향상을 위한 인간중심 미술치료 사례연구. 디지털융복합연구 16(2), 385-402.

지옥진(2006). 집단미술치료가 정신지체 청소년의 자율신경계에 미치는 영향. 원광대학교 석사논문.

19회기: 정서경험(공포/불안) ⇨ 감정낙서하기

살아가면서 우리는 많은 감정들을 경험하게 된다. 그때그때 형성된 감정들을 자연스럽게 표현할 수 있는 상황이라면 감정이 무의식으로 억압되거나 쌓이지 않겠지만 그렇지 못한 환경일 때가 많다. 상황에 따라 어떤 감정의 표현은 허용되고 어떤 감정들은 허용되지 않아서 감정 표현이 서툴기도 하고 사고, 행동, 신체에 영향을 미치기도 한다. 다양한 감정들의 표현을 통해 감정을 수용하고 공감할 수 있는 기회가 필요하다고 본다(Lucia, 2001).

목표
자신의 감정을 시각화하여 탐색한다.

기대효과
① 다양한 감정들에 대해 낙서를 해 봄으로 써 어떠한 감정들을 표현하고 표현하지 않는지를 인식한다.
② 자신의 감정을 의식하지 않고 자연스럽게 표현한다.

준비물
4절 도화지 4장(또는 전지), 색연필, 사인펜, 마커, 매직, 크레파스, 파스텔, 아세톤 등의 채색도구

활동 방법
도입(10분)
인사나누기를 통해 내담 아동의 정서를 관찰하고 손쉬운 놀이나 게임으로 안정감을 줄 수 있는 워밍업 시간을 갖는다.

활동(30분)

① 이 작업은 왼손으로 활동하며, 낙서를 한다는 것을 안내한다.

② 이완, 명상을 통해 편안한 마음상태를 유지할 수 있도록 한다.

③ 감정 형용사를 하나씩 제시하면 그 감정 단어를 왼손으로 도화지에 쓰고 그 감정과 어울리는 매체, 색상을 선택하여 낙서를 한다.

④ 작업이 끝나면 다음 감정 단어를 제시하고 같은 방식으로 작업하게 한다.

⑤ 제시하는 감정 형용사는 다음과 같다. "두려운, 행복한, 화난, 당황한, 사랑하는, 슬픈, 흥분된, 쾌활한, 우울한, 바보 같은, 외로운, 확신에 찬, 혼란스러운, 희망적인, 평화로운"

이야기(10분)

① 작품의 전 과정과 활동 후 표현한 감정들 느낀 점에 대해 이야기를 나눈다.

② 치료환경 정리 정리정돈

진단적 적용

① 명상 음악을 활용하여 심리적 안정을 도울 수 있다.

② 낙서에 대해 부담스러워 할 경우 치료자가 낙서를 하는 모습을 보여 줄 수 있다. 무언가를 그리는 것이 아니라 자유롭게 손 가는 대로 표현하여 내담자가 편안함을 느끼도록 한다.

③ 작업 후에는 표현한 감정 중에서 재미있었던 감정, 재미없었던 감정, 평상시 자주 표현하는 감정, 자주 표현하지 않는 감정 등은 어떤 것인지 이야기를 나눌 수 있다.

④ 강렬하게 느껴지는 감정과 관련된 경험들을 다음 작업으로 안내할 수 있다.

[그림 40] 감정낙서(중학교 1학년 여)

감정에 대해서 어떻게 표현해야할지 잘모르겠다고 했고 어색해함. 특히나 형체 없이 하라고 하니까 더더욱 망설여진다고 했다가 어떤 사람들에 대한 감정을 색과 모양으로 나타냈다고 하였고 구체적으로 말하긴 어렵지만 학교친구와 가족에 대한 감정이라고 했음. 아세톤을 이용해서 번지게 하는게 좀 퍼져나가는 느낌이라 특별했다. 다 하고 나니 아무 느낌이 들진 않지만 감정을 잘 표현한 거 같다고 생각한다고 한다.

[그림 42] 감정낙서(중학교 1학년 남)

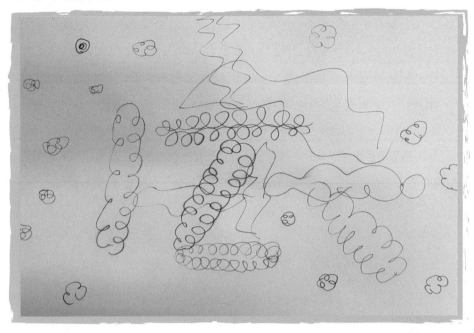

엄망진창이고 맘대로 되는게 없어서 그렇게 표현했다고 한다(짜증? 그런 느낌). 다른 색은 사용하고 싶지 않아서 검정색만 사용했고 복잡한 심경이라고 한다. 주변에 신경 써야 할 것이 너무 많다고 한다. 아세톤을 사용할 때, "냄새가 좀…" 이란 반응을 보이면서도 퍼져나가는 걸 보면서 "오~" 하면서 계속 작업했고 아예 갖다 뿌리기도 했는데, 생각보다 덜 퍼져나가서 아쉬워하는 모습이었다. 다 하고 난 뒤의 소감은 "그저 그렇다."고 했다. 그리고 "아세톤이 더 잘 퍼졌으면… 작품은 복잡하다. 맘에 들지 않는다."고 덧붙였다.

※ 참고문헌
지옥진(2006). 집단미술치료가 정신지체 청소년의 자율신경계에 미치는 영향. 석사학위논문.

20회기: 정서경험(공포/불안) ⇨ 몸으로 표현하는 감정들

항상 감정들은 우리와 함께 존재한다. 사람을 만나고 인사를 하는 중에도 감정들은 생겨나며 텔레비전 프로그램을 볼 때도 다양한 감정들이 시시각각 나타난다. 이러한 감정들이 자연스럽게 표현되고 해소될 때 심리적으로 건강하게 생활할 수 있다. 그렇지 않을 경우 나타난 감정들은 신체에 머물게 되고 무의식에 저장된다. 신체화 되고 무의식화 된 감정들을 표현하도록 돕지 않는다면 이러한 감정들은 오래된 음식이 상하듯 악화되어 건강에 영향을 미치게 되고 욱하는 감정 표현을 쉽게 할 수 있다.

목표
무의식화 된 신체와 증상을 알아차린다.

기대효과
① 감정 신체화를 통해 자신이 어떻게 감정 표현을 하고 있는지 이해한다.
② 어떠한 감정들이 신체에 남아 영향을 미치고 있는지 탐색하고 인식한다.

준비물
4절 도화지, 색연필, 사인펜, 전지 2장

활동방법
도입(10분)
눈을 감고 자신의 신체에 대해 느껴본다. 신체 감각에서 어떤 통증이나 아픔이 있는지 신체를 살펴본다.

활동(30분)
① 자신의 신체 윤곽선을 색연필이나 사인펜으로 그리도록 한다.
② 명상을 통해 자신의 몸을 천천히 감각적으로 어떠한 느낌이 드는지 살펴보도록 한다.

③ 눈을 뜨고 자신의 신체를 바라보며 몸의 불편한 부분에 선으로 표현한다.

④ 선으로 표현한 신체 윤곽선 바깥쪽에 왼손으로 불편함을 글로 쓴다. 예를 들어, '무겁다', '쑤시다' 등.

⑤ 불편함을 표현한 단어 아래나 옆에 '쑤실' 때의 기분을 감정 단어로 표현해 본다. '짜증난다', '슬프다' 등.

이야기(10분)

① 작업이 끝나면 이야기를 나눈다. 제목을 정하고 이미지나 느낌을 이야기 할 수 있다.

진단적 적용

① 신체의 불편한 점이 어떠한 상황에서 가장 많이 느껴지는지에 대해서도 탐색해 본다.

② 언제부터 시작되었는지, 무엇 때문이라고 생각하는지 원인을 파악하고 스스로 선택한 변명을 감소시키고 새로운 선택을 할 수 있도록 돕는다.

③ 전지 2장을 붙여서 전신화를 그림으로써 자신의 신체를 보다 감각적으로 경험할 수 있도록 도울 수 있다.

④ 스트레스를 신체에 쌓는 것이 아니라 대처하는 방법을 탐색해 볼 수 있다.

[그림 43] 정서경험(초등학교 1학년 여)

아동은 8세로 자신이 하고 싶은 것을 하기위해 좋아하는 것을 가지고 온다. 목소리도 크고 선생님에게 편안함을 느껴서 그런지 이야기도 잘하였다. 올해 초등학교 가야 하는데, 학교가면 공부를 해야 해서 힘들 것 같다고 하였다. (초등학교에 대해 긍정적으로 대화를 나눔) 아픈 곳이 있는지, 기분은 어떤지, 이야기를 나누었다. 아픈 곳은 없고 학교 가는 길이 너무 멀어서 겨울에는 추워서 죽고, 여름에는 더워서 죽는다고 한다. 그래서 여름하고 겨울에는 엄마와 이모들이 태워다 주기로 했다고 말한다. 아동의 힘들다는 표현은 학교에 갈 것에 대한 걱정인 것 같다.

건강하고 귀엽고 깜찍하다.

8살. 학교가서 공부하는거.

건축가. "건축, 아빠 엄마에게 이쁜 집을 지어드리고 싶어요. 3층 집에 방이 각자 따로 따로 있었으면 좋겠어요."

"엄마 아빠는 과학자였어요."

부모님이 하는 이야기에 자기 생각처럼 이야기 하였다.

"옷은 엘샤 옷인가?", "아니요. 엘샤는 이제 시시해요. 8살 됐거든요."

※ 참고문헌

이숙민·송순(2018). 성폭력피해 청소년의 정서안정감, 자아탄력성, 자아존중감 향상을 위한 인간중심 미술치료 사례연구. 디지털융복합연구 16(2), 385-402.

21회기: 정서경험(불안/공포) ⇨ 심상 표현하기

일기는 자신이 겪은 일이나 생각, 느낌 등을 사실대로 기록한 것을 의미한다. 심상 표현은 그림으로 표현한 일기라고 할 수 있으며 색, 형태, 선, 질감으로 자신의 감정이나 느낌을 표현하는 것을 말한다. 심상 표현은 아무런 판단이나 부끄러움, 죄책감 없이 감정으로 돌아가는 여행의 첫 단계. 언어로 표현할 수 없는 감정과 정서에 접근할 수 있도록 하는 방법이며, 그런 감정으로부터 벗어나서 자신을 둘러싼 감정들이 발생하여 더 이상 삶에 영향을 미치지 않도록 하는 방법이다.

목표
자기의 감정을 자유롭게 표현하도록 한다.

기대효과
① 부끄러움과 죄책감을 감소할 수 있다.
② 인지재구성의 효과를 얻을 수 있다.

준비물
도화지, 색연필, 사인펜, 파스텔 등 다양한 채색도구

활동방법
도입(10분)
차분히 눈을 감고 자신에게 힘들게 느껴졌던 일이나 생각, 신체적으로 고통을 느꼈다면 그림으로 표현하고 적체된 부정적 감정을 해소하도록 할 수 있는 작업이라고 편한게 할 수 있도록 이야기 한다.

활동(30분)

① 자신의 신체 윤곽선을 색연필이나 사인펜으로 그리도록 한다.

② 명상을 통해 자신의 몸을 천천히 감각적으로 어떠한 느낌이 드는지

③ 방해받지 않는 작업을 위한 공간과 다양한 매체를 준비한다.

④ 작업의 의도, 방향을 결정한다.

⑤ 호흡명상 등 자신에게 편안한 명상을 한다.

⑥ 명상을 통해 신체의 감각에 집중한다.

⑦ 내면적 이미지를 그린다.

이야기(10분)

① 그림을 그린 면이나 뒷면에 제목과 함께 그림에 대한 글을 쓴다.

② 작품을 임상장면에서 가지고 와서 작품에 대한 이야기를 나눈다.

진단적 적용

① 비주얼 저널은 일주일에 한 작품 이상으로 하여 부담감을 갖지 않도록 한다.

② 글이나 제목을 정하는 것에도 선택할 수 있도록 하여 긴장이나 부담 없이 지속적으
로 할 수 있도록 안내한다.

③ 매체가 다양하게 갖추어지지 않은 집단에서도 활용이 가능하다.

④ 가정에서 그릴 때는 자유롭게 표현하였으나 임상장면에서 작품으로 이야기하는 것
에 부담을 가질 수 있으므로 미술 실력이 아니라 자기의 감정을 표현하는 과정으로
인식하도록 안내한다.

⑤ 어떠한 상황에서 그림을 그렸으며 그림을 그리기 전과 후 마음상태는 어떠하였는
지 탐색하도록 한다.

[그림 44] 비주얼 저널(초등학교 3학년 남)

나는 친구와 함께 3명이 학원에서 터닝 메카드 가지고 놀고 있었는데, 갑자기 친구 ○○이가 쓰러지더니 몸을 떨면서 경련을 해서 너무 무서웠다. 선생님이 119에 전화하고 친구 어머님께 전화해서 응급실에 가서 좋아졌다고 한다. "그런데 나는 아직도 생각하면, 그 친구가 죽으면 어떡하나, 만약 나 때문에 친구가 죽는다면 너무 힘들 것 같다." 라고 말하였다.

그림일기를 쓰면서 아동은 트라우마로 힘들어하는 모습이었다. 그림을 다 그리고 나서 아동은 눈물을 흘렸다. 그리고 스스로 자신을 잘한 것 같다고 위로하였다. 선생님은 아동에게 격려와 지지로 지원을 많이 주었다.

※ 참고문헌
지옥진(2006). 집단미술치료가 정신지체 청소년의 자율신경계에 미치는 영향. 석사학위논문.

22회기: 정서경험 및 주의집중 ⇨ 만다라 연상화

만다라의 의미는 '만다'와 '라'의 합성어로 분리하여 그 뜻을 이해할 수 있다. '만다'는 중심, 본질의 의미를 지니며 '라'는 소유와 성취의 의미를 지닌다. 자신의 본질을 찾게 된다는 의미의 만다라 작업을 통해 우리는 많은 것을 경험할 수 있다. 갈등을 극복하고 자기 자신을 수용하게 되며 잠재된 창의력을 발견할 수 있다(정여주, 2006). 만다라에서 연상되는 이미지화는 잠재된 창의력과 무의식을 표현할 수 있도록 한다.

목표
① 만다라 작업을 통해 자기를 이해한다.
② 연상화 작업을 통해 무의식적 욕구와 사고를 시각화한다.

준비물
도화지, 색연필, 사인펜, 물감 등 채색도구, 만다라 문양

활동방법
도입(10분)
만다라의 다양한 무늬를 보고 자신이 좋아한 것을 선택한다. 복식호흡으로 천천히 호흡하고 차분히 마음을 정화시킨다.

활동(30분)
① 만다라 무늬를 선택한다.
② 명상이나 눈을 감고 근육을 편안하게 만드는 등 이완 활동을 통해 작업에 대한 편안한 자세를 취할 수 있도록 한다.
③ 채색도구에서 마음에 드는 색을 골라 만다라 무늬에 채색한다.
④ 채색이 끝나면 상하 위치를 정하여 'T'나 숫자 '4'를 윗부분에 쓰고 아랫쪽에 날짜를 기록한다.

⑤ 다른 용지에 쓰거나 만다라가 그려진 종이에 제목을 쓴다.

⑥ 사용한 색상의 목록을 쓰고 색상으로부터 연상되는 단어를 기록한다.

⑦ 연상되는 숫자를 기록하고 연상되는 단어를 기록한다.

⑧ 제목과 숫자, 단어를 활용하여 몇 개의 문장을 만든다.

이야기(10분)

① 만다라의 이미지를 보고 제목을 정해본다.

② 자신이 색칠한 이미지를 보면서 느낌을 이야기 한다.

연상화

① 눈을 감고 자신이 쓴 문장을 떠올려 본다.

② 문장으로부터 형성되는 이미지를 떠올려 본다.

③ 그 이미지를 그림으로 그려본다.

④ 완성되면 제목을 붙이고 이야기를 나누어 본다.

임상장면에서의 적용

① 만다라 무늬는 다양하게 준비하여 선택할 수 있도록 한다.

② 만다라로부터 연상된 단어들을 활용하여 문장으로 만들 때 잘해야 한다는 부담감으로부터 자유로울 수 있도록 허용적인 태도로 안내한다. 여러 개의 문장이 아닌 한 문장이어도 괜찮다.

③ 문장으로부터 이미지화된 그림이 문장의 내용과 연관성이 없어 보일 수도 있으나 문장으로부터 연상된 내용이므로 동화책의 일러스트와는 다를 수 있다.

④ 작업 시간이 길어질 수 있으므로 다음 회기에 이어서 진행할 수도 있다.

⑤ 그림이 아닌 만들기나 콜라주나 만들기 작업을 할 수도 있다.

[그림 45] 만다라 연상화(중학교 1학년 여)

연상되는 숫자 12: 숫자 12는 12월달 눈이 많이 오고 춥다는 생각을 하면서 1년의 제
일 큰 수를 생각했다.

연상되는 단어는: '겨울' 겨울이 생각나서 겨울로 했고 지금이 추운 겨울이라서.

제목은: '너무 춥다', '봄'. 만다라를 색칠하고 보니 파란색 하늘색으로 차가운 색을 칠
했는데, 다시 보니 빨강색, 주황색, 노란색이 따뜻한 색깔로 생각이 되어서.
'불'이라고 했고 요즘 전국 여기 저기서 화재 소식이 있어서 불이 생각났다.

문장: 겨울이라서 눈도 많이 오고 춥다. 따뜻한 모닥불이 생각난다. 나는 겨울보다 여름이 좋다.

[그림 46] 만다라 연상화(중학교 1학년 여)

제목 : 추운 겨울

연상화: 5학년 때 겨울방학 연휴에 강원도 팬션에 가서 아빠가 고기와 소세지 바비큐를 구워주시고 엄마는 음식을 차리셨다. 나와 오빠는 장작 모닥불에 감자와 고구마를 은박지 호일에 싸서 구워먹었는데, 맛있었다. 겨울과 불 하니까 연상되는 기억이다. 또 가족과 함께 가고 싶다. 바비큐실은 하우스 안에 있어서 춥지 않았다.

※ 참고문헌
이숙민·송순(2018). 성폭력피해 청소년의 정서안정감, 자아탄력성, 자아존중감 향상을 위한 인간중심 미술치료 사례연구. 디지털융복합연구 16(2), 385-402.
지옥진(2006). 집단미술치료가 정신지체 청소년의 자율신경계에 미치는 영향. 석사학위논문.

23회기: 퇴행 ⇨ 콜라주 작업

콜라주 작업은 다양한 방식으로 작업이 가능하다. 콜라주 배려하기, 집단 콜라주, 콜라주 게임뿐만 아니라 기본 콜라주, 콜라주 엽서, 만다라 콜라주(이근매, 아오키 도모코, 2010) 등 의 방법들이 있다. 선택한 사진이나 그림을 오리거나 찢어 붙이는 방법이 있다.

나의 어린 날들: 목표
① 각 활동들을 통해 자신의 과거, 현재 그리고 미래를 살펴보고 이를 통합하는 기회를 갖는다.
② 보다 희망적인 미래를 설계하기 위해 현재 자신이 해야 할 일들에 대하여 찾아본다.

기대효과
① 내담자가 작품을 제작하고 설명해나가는 그 자체에 있으며 그러한 활동과정을 통해 거부의 감소, 분노의 표출, 희망적 상징들을 나타낼 수 있는 기회를 제공한다.
② 사진 속에 함축되어 있는 자신의 이미지를 선택하여 붙여봄으로써 내적인 이미지를 파악할 수 있다.

준비물
잡지, 풀, 4절지, 가위, 색연필, 사인펜, 활동지

활동방법
도입(10분): 인사 나누기를 통해 아동 및 성인의 정서를 탐색한다. 일주일 동안 아동에게 있었던 감정에 대하여 이야기를 하며 치료사가 먼저 책상위에 놓인 도화지에 낙서를 하며 워밍업을 한다.

활동(30분):

① 잡지 속에서 자신의 삶과 관련이 되는 영상을 찾아 가위로 오리거나 손으로 찢어서
   붙이게 한다.

② 완성 된 후에 자신의 그림에 알맞은 제목을 붙인다.

③ 제목속에 자신의 내재된 이미지가 담겨 있다.

이야기(10분):

① 작품의 전 과정과 활동 후 느낀 점에 대해 이야기를 나눈다.
   치료환경 정리 정리정돈

주의사항

어린아이들은 가위를 사용할 때 주의를 준다.

활동사진

[그림 47] 콜라주 작업(중학교 1학년 남)

도입: 한 주 동안의 일 이야기. 자전거 타고 서울에 다녀온 소감. T가 "오늘은 특별한 활동을 할거야.", (프로그램 설명) G (잡지 쭉 훑어본 후) "자전거라도 있지 않은 이상, 잘라붙일 게 없을 것 같은데요?", T "그래도 한번 찾아보자."

중간: 영상을 잘라 붙이면서 이것을 자른 이유에 대해 하나하나 설명한다.

현빈 얼굴: 엄마가 좋아하는 배우. 현빈 나오는 영화는 다 같이 보러다녔다. 엄마가 좋아하는 것은 나와도 연관이 있으니 붙인다.

시계: 최근 시계에 관심이 많아졌으며, 시계를 사고 싶어서 돈을 모으는 중이다.(격한 감정을 갑자기 드러내며) "와~ 근데 저 여자친구랑 헤어졌어요." 80일 거의 다 되어가서 선물도 사주고 싶어서 커플 시계를 알아보고 있었고 그것을 여친에게 말하니 그런거 필요없다고 해서 서운했다. (자신의 성의를 무시한 것 같았다) 그리고 자신이 다른 여자랑 있는거 가지고 뭐라고 했으면서 걔는 다른 남자랑 같이 있었다.

문신된 팔: 최근 문신이 하고 싶어졌다. 진짜 아프다지만 참을 수 있다. 동영상으로 바늘 돌아가는 것도 보았다. (이레즈마의 한냐가 하고 싶다고 함) 관심을 가지게 된 계기에 대해서는 정확히 기억해내지 못함.

피자: 가장 좋아하는 음식이다. (배고플 시간이라 음식이 더 눈에 띈 듯)

활동후

▶ 제목은 뭘로 정할까? - "내가 관심 있는 것과 좋아하는 것들."

▶ 하고난 다음의 소감은? - "원래 여기 오면 시간이 굉장히 빨리 가는데, 오늘은 시간이 잘 안 간 것 같아요."

▶ 왜 그렇게 느꼈을까? - "모르겠어요. 그냥 시간이 잘 안 간거 같아요."

※ 참고문헌

최외선·김갑숙·서소희·홍인애 공저(2010). 미술치료 열두달 프로그램. 학지사.
http://cluster1.cafe.daum.net/_c21_/bbs_search_read?grpid=hiPy&fldid=IKpU&datanum=264
&openArticle=true&docid=hiPyIKpU26420090315231442.
http://www.cyworld.com/cutesaseum2/3268626.

24회기: 신체적 반응(수면문제다루기) ⇨ 꿈 작업

목표
최근 꾼 꿈을 상기하고 창의적으로 표현한다.

기대효과
① 최근에 꾼 꿈의 핵심적인 내용을 불러내어 꿈과 관련한 어떤 왜곡이나 혼란을 해결
   하고, 나아가 꿈에 대해 더 민감해질 수 있도록 한다.
② 자신의 자아 존중감을 높일 수 있다.
③ 긍정적인 자기상을 찾을 수 있다.

준비물
동영상, A4, 4절지, 크레파스, 색연필, 사인펜

활동방법
도입(10분): ① 인사나누기 ② 워밍업

활동(30분):
① 조용한 분위기를 조성하여 꿈과 관련된 동영상을 감상한다.
② 내가 꾼 꿈을 가능한 한 많이 되살릴 수 있는 시간을 가진다. 기억을 되살릴 수 있도
   록 A4 용지에 단어, 그림, 혹은 상징으로 표현할 수도 있다.
③ 이제 당신의 꿈이 요약되어 나타나는 완전한 이미지를 창조하기 위해 사절지에 당
   신이 생각하는 꿈의 이미지를 옮겨 본다.
④ 꿈을 형상화하는 이 활동에 대해 어떻게 느꼈는지 일기에 기록한다.

이야기(10분): 작품의 전 과정과 활동 후 느낀 점에 대해 이야기를 나눈다.

　　　　　　치료환경 정리 정리정돈

주의사항

강렬한 경험으로 꿈을 시각적인 이미지로 창조하는 과정에 대해 스스로에게 주의 깊게 질문을 한다.

활동사진

[그림 48] 수면문제다루기 1 - 제목: 너무 무서워(초등학교 4학년 남자)

도화지에 꿈에 간련한 그림을 그려보도록 했는데, 그림그리는 것이 너무 어렵다며 콜라쥬로 하고 싶다고 해서 잡지와 동물컷을 주었다.

"4학년 겨울에 꾼 꿈이다. 아동이 꿈속에서 개가 하늘에서 빨리 떨어지는데, 그 순간 독수리가 하늘에서 무섭게 쪼아오고, 꽃밭과 숲지 밑에는 악어가 입을 벌리고 이빨이 보이며 잡아먹으려고 하고 한 쪽에 숲 속에는 호랑이가 숨어서 잡아먹으려고 해서 떨어지면서 '악~' 하고 잠에서 깼다. 그런데 땀이 나고 손발이 움직이지 못 할 정도로 굳었다."라고 말했다.

아동은 꿈에 하늘에서 떨어지는 개와 잡아먹으려는 독수리와 악어, 호랑이 꿈이 너무 무서웠다며 두 번째 꿈 작업은 좋은 꿈으로 만들어 보겠다고 한다.

[그림 49] 수면문제다루기 2 – 제목: 안전한 나(초등학교 4학년 남)

두 번째 꿈 이미지는 긍정적으로 창조하는 과정으로 만들겠다고 하면서 하늘에서 떨어지는데, 독수리가 잡아먹으려고 달려들고 땅에는 악어와 호랑이가 잡아먹겠다고 했는데, 이번에는 악어와 호랑이를 울타리 안에 가두고 밖에서 지키고 있는 자신을 강아지로 묘사하고 콜라쥬 작업으로 하였다. 이제는 잡아먹히지도 않고 안전하다고 하며 기분이 좋은 모습이다.

※ 참고문헌
비키 바버 저, 홍은주 역(2009). 미술치료 작업노트 – 나를 찾는 여행. 시그마 프레스, p. 74.

25회기: 공포 및 불안 ⇨ 나의 분노 인식하기

목표

① 평상시 나를 화나게 하는 상황이나 말을 알아본다.

② 화나는 상황이나 말을 들었을 때 나는 어떤 반응을 보이는지 알아본다.

기대효과

① 친구들은 어떤 상황에서 화가 나는지 알아본다.

② 내가 화를 냈을 때 주변에 어떤 영향을 미치는지 알아본다.

준비물

색 전지, 스티커, 풀, 활동지, 연필, 지우개, 사인펜

활동방법

도입(10분): ① 인사나누기 ② 워밍업

활동(30분):

① 눈을 감고 나를 화나게 하는 상황이나 말을 생각한다.

② 활동지에 화가 나는 상황과 화가 나는 말을 나누어 각각 8가지 이상 적어 본다.

③ 자신이 적은 화가 나는 상황과 화가 나는 말로 나누어 적은 글을 오려서 색 전지에 친구들의 것과 함께 붙인다.

④ 색 전지에 붙여 전시된 목록들을 보고 자신이 가장 화가 나는 상황이나 친구들이 가장 화가 날 것 같은 상황을 5가지 골라 스티커를 붙인다.

⑤ Best 5 목록의 상황을 아동들이 직접 실제로 연기해 보고 그 상황에 자신은 어떻게 반응하는지 역할극을 한다.

이야기(10분): 작품의 전 과정과 활동 후 느낀 점에 대해 이야기를 나눈다.

치료환경 정리 정리정돈

주의사항

감정은 자연스러운 것이며 옳고 그른 것이 없다는 것을 설명한다.

활동사진

[그림 50] 나의 분노 인식하기(초등학교 3학년 집단, 남자 2명, 여자 3명)

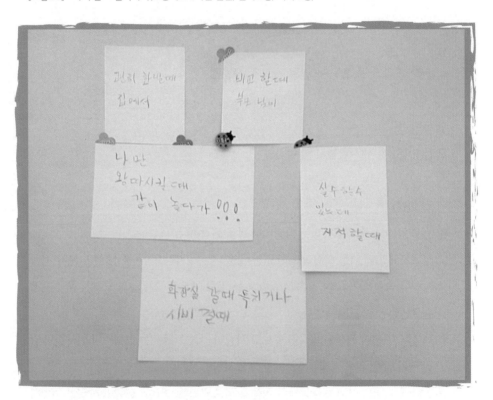

아동들에게 들으면 화가 나거나 나를 화나게 하는 상황을 생각해보고 적어보라고 했다. 아동들은 공통적으로 화나게 하는 상황이나 말들을 적었다.

① "괜히 화낼 때 집에서" 갑자기 부모님이 기분이 나쁘거나 싸우고 나서 아이들에게 화를 낼 때 정말 어이없고 나중에 화가 난다.

② "비교 할 때 부모님이" 부모님이 툭하면 다른 아이들 또는 엄마 아빠 친구 내 아이들과 비교할 때 화가 난다.

③ "나만 왕따 시킬 때 같이 놀다가!!!"라고 적은 아동은 세 명이 친했는데, 자기들 끼리 다니고, 속닥속닥 하며 나를 끼워주지 않을 때 정말 화가 났다.

④ "실수할 수 있는데 지적할 때" 너 때문이라고 하던지 잘못한 것을 다른 사람에게 말할 때 화가 난다.

⑤ "화장실 갈 때 툭 치거나 시비 걸 때" 남자애들이 특히 화장실 갈 때 새치기 하거나 치고 가면서 미안하다 소리도 안 할 때와 시비 걸 때 화가 난다.

※ 참고문헌

이숙민·송순(2018). 성폭력피해 청소년의 정서안정감, 자아탄력성, 자아존중감 향상을 위한 인간중심 미술치료 사례연구. 디지털융복합연구 16(2), 385-402.

26회기: 해리반응 ⇨ 스트레스 속의 내 모습

목표
자신의 평상시 모습과 스트레스를 받아 힘들어하는 모습을 석고 마스크에 표현하고 자신의 모습을 객관적으로 바라볼 수 있다.

기대효과
스트레스 상황 속에서 나타나는 태도나 행동을 긍정적인 방법으로 바꾼다.

준비물
A4 용지, 사인펜, 색연필, 석고붕대, 물, 붓, 물감, 파렛트, 신문지

활동방법
도입(10분): ① 인사나누기 ② 워밍업

활동(30분):

① 피부 관리실에 부탁하여 석고 마스크를 준비해 둔다.

② 석고 마스크에 앞면과 안쪽 면에 각각 자신의 평상시 모습과 스트레스를 받아 힘들어하는 자신의 모습을 상징적으로 표현해 본다.

③ 마스크가 꾸며지면 설제로 마스크를 착용해서 자신의 평상시 모습과 스트레스로 힘들어하는 모습을 역할극으로 표현으로 표현해 본다.

④ 다른 사람의 역할극을 보면서 다른 사람의 평상시 모습 중 좋은 모습은 따라하고 닮으려고 노력하며, 스트레스를 받아 힘들어하는 모습은 자신의 행동과 비교하여 고쳐야 할 부분들에 대해 느껴 본다.

이야기(10분): 작품의 전 과정과 작품 속 이야기 나누기

치료환경 정리 정리정돈

석고 마스크는 한 번에 구하기 어려울 수 있기 때문에 미리 피부 관리실에 부탁하여 모아 두고 깨지기 쉬우므로 조심하여 보관하고 다룬다.

활동사진

[그림 51] 스트레스 속의 내 모습 (초등학교 5학년 남)

가면 틀 위에 핸드크림이나 식용유, 주방세제 중에 바른다. 석고 붕대를 잘라서 물을 묻혀서 가면 틀 위에 발라준다. 2~3겹 붙여주고 손으로 물 묻은 붕대를 문질러주면 가면 얼굴 표면이 매끄럽게 된다. 가면이 마른 후에 틀에서 떼어 내거나 덜 말라도 살짝 떼어 내서 말린다. 석고 마스크 2개를 만들어 하나는 평상시 자신의 모습을 꾸며주고 하나는 스트레스 받아서 힘들어 하는 모습이나 자신이 정말 트라우마로 남아있는 사건을 생각하며 상징적을 표현해 보나 실제로 마스크를 쓰고 역할극을 표현하기도 한다.

[그림 52] 스트레스 속의 내 모습 (초등학교 5학년 남)

[그림 53] 스트레스 속의 내 모습 (초등학교 5학년 남)

아동은 초등학교 5학년 남아로 자신은 형이나 아빠가 스트레스를 주지 않으면 기분이 항상 좋은데, 하며 기분 좋은 모습을 표현하고 이미지로 별을 이마에 그리고 볼에는 좋아하는 여자아이에 대한 부끄러운 표현이라고 하트를 그렸다. 실제로 트라우마를 겪은 일을 생각하며 힘든 일을 석고 마스크에 표현하였다.

"형이 자기 레고와 자동차를 가지고 놀다가 부셨다고 발로 차고 주먹으로 얼굴을 때려서 코피가 나고 얼굴에 멍이 들었었는데, 아빠가 형하고 싸웠다고 무릎 꿇고 손들고 있으라고 했어요. 그때 너무 속상했어요."

그래서 아동은 머리에 열 받은 표현으로 불을 표현하고 화난 눈과 얼굴에 상처를 표현해 주었다.

이 활동을 하니까 기분이 좀 나아지고 나도 형에게 덤빈 것이 미안하기도 하다고 말하였다.

※ 참고문헌

최외선·김갑숙·서소희·홍인애·류미련·강수현 공저(2012). 미술치료 열두달 프로그램 Ⅱ, 학지사, p. 163.

27회기: 해리반응 ⇨ 나의 그림자

목표
① 자신의 싫은 점에 대해 생각해보게 함으로써 자신의 성격을 인식하고 수용하게 한다.
② 자신의 부정적인 측면을 수정하도록 한다.

기대효과
자신이 어두운 면을 인식하고 한층 성숙해지기 위한 기초를 다질 수 있다.

준비물
4절지, 잡지, 가위, 풀, 크레파스, 색연필, 사인펜 등

활동방법
도입(10분): ① 인사나누기 ② 워밍업

활동(30분):
① 평소 자신이 싫어하는 유형의 사람들을 생각해본다.
② 종이에 직접 그리거나 잡지책에서 찾아 오려붙인다.
③ 오려 붙인 사진에 변형을 주어도 좋고 첨가해서 꾸며도 괜찮다.
④ 싫어하는 이유를 구체적으로 적어본다.
⑤ 왜 싫은지를 다른 사람 앞에서 말해보고 다른 사람들도 나와 가은 생각인지 아님 다른 생각도 있는지 살펴본다.
⑥ 다른 사람의 발표가 끝나면 자신이 싫어하는 유형의 사람이 자신과 어떻게 다른 지 혹은 닮은 면이 있는지 않은지 생각해본다.

이야기(10분): 작품의 전 과정과 작품 속 이야기 나누기, 치료환경 정리 정리정돈

① 자신이 싫어하는 사람과 자신의 닮은 부분을 찾아내는 것이 약간 어려울 수도 있다.

② 이럴 때는 다른 친구들에게 도움이나 조언을 구할 수도 있으며 올바른 대화법으로

　진행될 수 있도록 한다.

활동사진

[그림 54]　나의 그림자 (초등학교 6학년 여)

아동은 초등학교 6학년으로 분노가 많고, 불만이 많으며 고집이 세다. 잡지에서 자신
이 싫어하는 사람을 찾아서 오려붙였다. 학교폭력, 처벌, 때리는 부모가 싫은 사람들이
다고 하였다. 그리고 학교 선생님들 중에 무섭게 하고 권위적인 사람들, 갑질하는 사람
들이 너무 싫다고 하였다. 여자들 중에는 바디라인을 들어내고 끼부리는 여자들이 싫
다고 하였다.

구체적으로 왜 싫은지 물어보았다.

"학교에서 힘자랑하면서 무섭게 하는 아이들이 있구요."

"TV에서 보면 경비원에게 마구 욕설하고 때리는 사람들 있잖아요."

"그리고 할아버지들은 막 소리지르고 무섭게 하는 사람들도 있어요. 여자애들 중에 학교에서 남자애들에게 애교 떠는 친구들도 싫어요."

"여기 사람들 중에서 닮은 점은 제가 화가나면 막 소리지르고 인상쓰는거 닮은 것 같아요. 나도 예쁘게 하려고 옷도 예쁜옷으로 입으려고 하구요. 화장도 하고 싶어요."

※ 참고문헌
이숙민·송순(2018). 성폭력피해 청소년의 정서안정감, 자아탄력성, 자아존중감 향상을 위한 인간중심 미술치료 사례연구. 디지털융복합연구 16(2), 385-402.

28회기: 분노 및 신체적 과각성 ⇨ 감정 다루기

목표

인생에서 균형 감각과 자각을 유지하기 위한 방편으로 자신이 경험한 강렬한 정서를 객관화 한다.

기대효과

이 활동은 인생의 어느 시기 동안에 당신이 경험한 격렬한 정서를 표현하도록 해준다. 정서를 제한하거나 억누르는 대신에 마음 내키는 대로 당신의 정서를 표현하도록 하는 수단이다. 그렇게 함으로써 압도적인 정서를 배출할 수 있게 된다.

준비물

A4, A3, 연필, 색연필, 펠트펜, 크레파스나 그림물감과 붓, 금속조각이나 천과 같은 콜라주 재료, PVA 풀

활동방법

도입(10분): ① 인사나누기 ② 워밍업

활동(30분):

① 흔히 경험하게 되는 긍정적인 정서, 부정적인 정서를 세가지 생각해 본다. 각각의 정서를 A4 용지 위쪽에 하나씩 쓴다.

② 연필로 첫 번째 정서를 묘사한다. 그 정서를 포착하는 최선의 방법은 가장 최근에 그런기분을 느낀 일에 대해서 생각해 보는 것이다. 그 느낌을 되새겨 보고 자연스럽게 그 정서가 몸을 통해서 종이로 옮겨지도록 한다. 종이에 적은 각 정서마다 이런 과정을 반복한다.

③ 있는 그대로 당신의 정서를 반영하는 선, 형태, 윤곽, 명암을 이용해서 진정한 정서를 끄집어낸다. 슬픔의 정서를 표현할 때 눈물을 그린다든지, 사랑을 표현하는 데

하트를 그리는 등 너무 문자 그대로 충실하거나 상징적으로 묘사하려고 하지 말라. 이런 것들은 당신에게 어울리지 않을 수도 있기 때문이다.

④ 정서들을 들여다보고 현재 당신에게 가장 적절한 정서가 무엇인지 결정한다. A3 용지를 준비하고, 선택한 정서를 반영한다고 여겨지는 재료들을 모은다.

⑤ 모은 재료들로 선택한 정서에 맞는 뉘앙스를 풍기는 이미지를 그리고 칠하고 색을 입힌다.

⑥ 종이 위에 감상을 표현 하는 것을 억제하려고 하지 말라. 원하는 것은 무엇이든지 자유롭게 할 수 있다. 원한다면 이미지를 오려 내거나 여러 조각을 내는 것도 가능하다.

⑦ 필요하다고 여겨지면 이런 활동을 반복하거나 다양한 방법으로 할 수도 있다. 일기에 경험을 기록한다. 이 활동을 하는 동안에 강렬한 정서가 찾아온다면 신뢰할 수 있는 누군가에게 이야기해야 한다.

이야기(10분): 작품의 전 과정과 작품 속 이야기 나누기
치료환경 정리 정리정돈

주의사항

있는 그대로의 정서를 물리적인 방식으로 표현하는 것은 온갖 종류의 감정을 불러일으킬 수 있다. 그렇기 때문에 창작 작업 배후의 사고과정을 고찰하는 것이 중요하다.

[그림 55] 감정 다루기 – 부정적정서 1 (초등학교 5학년 남)

짜증은 학교생활에서 친구들과 선생님과 공부하면서 마음에 안들 때 짜증나고 기분 나쁜 친구들 보면 욕하고 싶다.

[그림 56] 감정다루기 - 부정적정서 2 (초등학교 5학년 남)

화가 날 때는 내 마음을 몰라주고 혼내는 아빠 때문에 화나고 가족도 이야기 할 사람이 없다고 하였다.

[그림 57] 감정다루기 - 부정적정서 3 (초등학교 5학년 남)

불만은 맨날 사달라고 하면 안 된다고 하는 부모님께 화가 난다. 누나들도 나에게 구박한다.

[그림 58] 감정다루기 - 긍정적정서 4 (초등학교 5학년 남)

나는 짜증, 화, 분노를 요리해서 아름다움으로 만든다. 나는 아름다운 꽃으로 변한다.

※ 참고문헌

비키 비버 저, 홍은주 역(2009). 미술치료 작업노트 - 나를 찾는 여행, 시그마프레스. p. 52.

29회기: 부정적 인지 재평가 ⇨ 보호 공간 만들기

목표
자신의 아동기의 특정한 부분에 다가가며, 이를 통해 자기 안에 행복하고 근심 걱정 없는 아이가 살고 있음을 느낀다.

기대효과
이 활동은 행복하고 잊을 수 없는 아동기를 되돌아보고, 현재를 찬양하며 긍정적이고 개인적인 기억들을 인정하도록 해 줄 것이다. 고통스러운 감정이 자극될 수도 있어서 아동기의 어떤 부정적인 요소들을 피할 수 있도록 노력해야 한다.

준비물
가볍게 채색된 손 크기 정도의 점토, 덩어리, 보드, 포스터물감과 붓, 낡은 연필, 단추, 작은 장난감 같은 콜라주 재료, 가위, 풀

활동방법
도입(10분): ① 인사나누기 ② 워밍업

활동(30분):

① 받침대 위에 점토를 올려놓고 그 앞에 편안하게 앉는다. 손에 점토 덩어리를 쥐고 눈을 감은 뒤 만지작거리기 시작한다.

② 점토를 가지고 놀면서 행복하고 좋은 기억으로 남겨 두고 싶은 아동기의 특정 시기를 생각해 본다. 그릇을 만든다고 생각하라. 그 나잇대에 좋아했을 만한 종류의 그릇이다. 그것은 무엇처럼 보이는가?

③ 눈을 뜨고 그릇이 갖추어야 할 형태로 점토를 반죽한다.

④ 그릇의 모양이 마음에 든다면 원하는 대로 장식을 할 수도 있다. 낡은 연필이나 붓의 끝 부분은 점토를 새기는 데 적당하다. 또한 그릇을 칠하거나 적당한 곳에 단추

를 붙여서 장식할 수도 있다. '아동기' 그릇을 만들면서 경험한 정서를 일기에 기록한다.

이야기(10분): 작품의 전 과정과 작품 속 이야기 나누기
치료환경 정리 정리정돈

주의사항
과거, 그중에서도 아동기에 대하여 고찰하는 것은 강렬한 정서를 불러일으키기도 한다. 이러한 정서를 다루고 거기에서 무언가를 배우는 데 도움이 되는 질문을 던지는 것이 핵심이다.

활동사진

[그림 59] 보호공간만들기 - 발래 (초등학교 1학년 여) A

"12살 발레리나가 여기 주인 원장님이 너무 잘한다고 부하 학생 선생이라고 했어요. 무대에서 발레를 하면서 기분이 좋아서 웃고 있구요. 가족도 초대했구요. 많은 사람들이 구경했구요. 나중에 진짜 발레리나가 돼요."

[그림 60] 보호공간만들기 (유치원생 7살 여) B

기차를 타고, 엄마랑, 언니랑, 나랑 아빠랑 (여행) 이모집에 갔어요. 맛있는 거도 먹고 기차가 엄청 길었어요. 맛있는 요리를 하는 요리사가 되고 싶어요.

[그림 61] 보호 공간만들기 (유치원생 7세 여) C

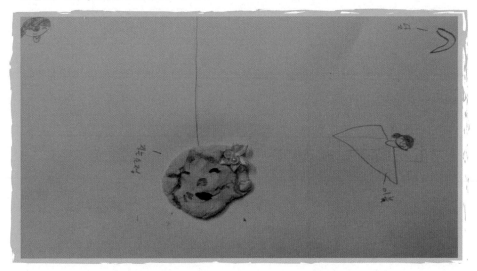

"아기가 잠들어서 엄마가 아기 잘자게 하라고 (잠자는 요정) 자는 요정이 와서 아기들을
재워요. (울거나 퇴행 보임) 엄마는 아기가 잘 자는지 몰래 보고 있어요. 가족들은 아기가
잘자서 행복한 기분이였어요. 달님도 보고있어요. 아빠는 출장갔구요, 그래서 없어요."

※ 참고문헌
비키 비버 저, 홍은주 역(2009). 미술치료 작업노트 – 나를 찾는 여행, 시그마프레스. p. 67.

30회기: 자신의 부정적 신념 둔감화 ⇨ 스트레스 날리기

목표
자신이 스트레스 받는 상황을 찾아봄으로써 스트레스에 취약한 영역을 확인 할 수 있다.

기대효과
스트레스 상황을 비닐봉지 연에 그려 날리면서 카타르시스를 경험할 수 있다.

준비물
하얀 비닐봉지 각 2개, 끈, 유성매직

활동방법
도입(10분): ① 인사나누기 ② 워밍업

활동(30분):

① 스트레스가 무엇인지 알아보고 '나는 어떤 상황에서 스트레스를 받는지' 이야기 한다.

② 스트레스 하면 떠오르는 이미지에 대해서 이야기 나눈다.

③ 비닐봉지를 받고 자신이 가장 스트레스 받는 상황을 매직으로 그린다.

④ 자신이 스트레스 받는 상황을 그린 것에 대해서 이야기 나눈다.

⑤ 자신에게 스트레스는 무엇인지 자신만의 정의를 내린다.

⑥ 스트레스 받는 상황에서 어떤 것을 연상하면 스트레스가 풀리는지 이야기 나눈다.

⑦ 비닐봉지에 끈을 묶어 방해물이 없는 공터나 마당에 나가 비닐봉지 연을 날린다.

이야기(10분): 작품의 전 과정과 작품 속 이야기 나누기

치료환경 정리 정리정돈

① 비닐이 미끄럽고 잘 움직이는 성질이 있으므로 그림을 그릴 때 비닐을 쫙 펴고 주의

　하여 그리도록 한다.

② 밖에서 연을 날릴 때 서로 방해가 되지 않도록 주의한다.

③ 비닐에 매직이 번지지 않도록 매직이 마를 시간적 여유를 줄 수 있도록 한다.

활동사진

[그림 62] 자신의 부정적 신념 둔감화 스트레스 날리기 (초등학교 5학년 남자)

"동생이 놀리고 자기 물건을 함부로 가져가는 것."

"친구들이 놀리는 것(별명)."

"엄마가 자신의 말을 듣지 않고 잔소리만 할 때."

[그림 63] 자신의 부정적 신념 둔감화 스트레스 날리기 (초등학교 5학년 남)

비닐백을 오려서 자신이 원하는 것을 매직으로 쓴다. 아동은 공부가 스트레스이고 돈이 많았으면 하는데, 갖고 싶은 것은 많은데 사지 못해서 스트레스를 받는다고 하였다. 조립하는 자동차 터닝○○○, 무선으로 가는 자동차, 드론 같은 것이 너무 갖고 싶다고 하였다. 옆집 아이는 7살인데 백만 원이 넘는 장난감 자동차를 타고 논다고 이야기 하면서 상대적 박탈감을 느끼는 모습이었다.

그래서 돈을 많이 벌어서 성공하면 행복하고 건강해야 하고 싶은 것을 마음껏 할 수 있다고 같이 적었다.

옥상에서 연을 날리며 이리 저리 바람을 타고 날려보고 뛰어다니며 아동은 신이나서 스트레스를 날려버리는 모습이었다.

※ 참고문헌
최외선·김갑숙·서소희·홍인애·류미련·강수현 공저(2012). 미술치료 열두달 프로그램 Ⅱ, 학지사, p. 183.

31회기: 각성조절 ⇨ 전면 가면

목표
일시적으로 자아를 새로운 페르소나로 바꿈으로써 자존감을 증진시킨다.

기대효과
가면을 쓰는 것은 잠시나마 아동이 원하는 대로 될 수 있는 기회를 준다는 점에서 아주 강력한 경험이 될 것이다. 가면 뒤로 얼굴 전체를 숨긴다는 사실이 말하고 행동할 수 있는 자유를 부여하는 활동을 만들어 내며, 아동의 개성을 발전시키고, 자존감을 키워 줄 것이다.

준비물
자, 종이, 펜, 가위 마분지 또는 판지상자, 크레파스 또는 그림물감과 붓, 털실이나, 고무줄과 같은 콜라주 재료, PVA, 풀

활동방법
도입(10분): ① 인사나누기 ② 워밍업

활동(30분):

① 아동이 되고 싶은 사람이나 동물, 혹은 상상의 창조물에 대해서 잠시 생각할 시간을 가진다. 다른 방법으로, 당신이 더 발전시키고 싶은 긍정적인 특질을 선택할 수도 있다.

② 아동이 선택한 캐릭터를 표현할 가면을 만들기 위한 재료들을 모은다. 마분지로 평면적인 가면을 만들어도 되고, 판지 상자로 머리 전체를 덮어 쓸 가면을 만들 수도 있다. 이는 오로지 아동 자신의 선택이며, 따라서 창의력을 발휘해야 한다.

③ 자로 얼굴의 가로와 세로 길이를 잰다. 얼굴 앞면만을 덮을 가면을 만든다면 마분지에 만족할만한 모양을 그리고 잘라낸다. 판지 상자로 가면을 만들 경우에는 상자가

머리에 잘 맞는지를 확인해야 한다.

④ 가면을 쓴 뒤 손으로 눈, 코, 입의 위치를 만져 보고 표시해 둔다. 원할 경우 잘라 낸다.

⑤ 크레파스나 그림물감으로 선을 그어서 가면을 꾸민다. 원하는 대로 그려도 좋다. 그림물감을 사용했을 경우 마를 때까지 기다려야 한다.

⑥ 털실이나 고무줄 혹은 종이를 사용해서 귀, 코, 입, 머리를 장식할 수도 있다. 종이로 곱슬머리를 만드는 간단한 팁을 소개 하자면, 종이를 가늘게 자른 후 연필로 종이를 감아서 구불거리게 만들어 붙이는 것이다.

⑦ 만든 가면을 써 본다. 거울 속의 새로운 페르소나와 대화를 나누거나 좀 더 잘 알아보기 위해 인터뷰를 해보라. 이를 통해 자아의 여러 부분들을 탐색할 수 있을 것이다. 가면과의 전체적인 상호작용을 일기에 기록해 둔다.

이야기(10분): 가면을 만들면서 느낀 기분과 정서를 이야기하고 완성된 작품이 마음에 드는지 역할극을 하고 나서의 기분은 어떤지 이야기 하고 치료환경을 정리한다.

주의사항

이런 가면 작업이 아동에게 미치는 영향에 대해서 고찰해 보는 것이 중요하다.

활동사진

[그림 64] 전면 가면 (유치원생 6살 여, 7살 여)

[그림 65] 전면 가면 (초등학교 4학년 여)

[그림 66] 전면 가면 (초등학교 2학년, 4학년 여)

[그림 67] 전면 가면 (초등학교 2학년, 4학년 여)

[그림 64] 집단활동하는 아동과 가면을 그려서 역할놀이를 하였다. 7세 여아는 캐릭터 인형을 보고 그리고 6세 여아는 괴물을 만들겠다며 색종이를 오려 붙였다. 괴물은 엄마라고 하였다. 완성한 후에 서로 얼굴에 쓰고 역할극을 하면서 엄마가 소리지르고 혼내는 것을 흉내내며 놀이하고 엄마가 동생을 키우는 과정에서 하는 이야기를 흉내내었다.

[그림 65] 초등학교 4학년인 아동은 에너지가 넘치고 욕구가 많아서 가만히 있지를 못하고 몸을 많이 움직이고 빨리 싫증을 내며 집안 보다는 밖에서 놀이하는 것을 좋아한다. 친구들도 여아보다는 남자 친구들과 더 잘 어울린다. 가면도 역동성이 있는 사자로 그림을 그리고 얼굴에 쓰면서 만족스러운 표정과 동작을 "으엉, 잡아먹겠다."하면서 같이 하는 [그림 66] 동생을 괴롭히는 행동을 하였다.

※ 참고문헌

비키 비버 저, 홍은주 역(2009). 미술치료 작업노트 – 나를 찾는 여행, 시그마프레스. p. 92.
사진 http://www.neolook.net/archives/20060410b.

32회기: 부정적 정서반응 ⇨ 내 마음속의 소용돌이

목표

① 분노를 느끼게 하는 것이 무엇인지 탐색한다.

② 분노를 현명하게 풀어낼 수 있는 방법을 탐색한다.

기대효과

분노를 잘 이해할 수 있다.

준비물

8절 도화지, 아크릴 물감, 평붓, 넓은 접시나 플라스틱 팔레트, 물통

활동방법

* **도입(10분):** ① 인사나누기 ② 워밍업

활동(30분):

① 물감 중 자신의 분노를 표현하기에 적당한 색을 몇 개 선택한다.

② 색을 팔레트에 덜고 붓에 묻힌다.

③ 종이 위에 붓을 눌러 돌린 다음 소용돌이를 만든다.

④ 여러 차례 원하는 모양으로 그림을 그린다.

이야기(10분): 작품의 전 과정과 작품 속 이야기 나누기

치료환경 정리 정리정돈

주의사항

아크릴 물감은 옷에 묻으면 잘 안 지워지므로 예민한 내담자나 유아 등에 사용할 때는 각별히 주의해야 한다.

활동사진

[그림 68] 내 마음속의 소용돌이 (중학교 1학년 남)

도입: 최근에 분노, 화 같은 기분을 느낀 적이 있었는지에 대해서 나눔. 그 뒤 그것과 어울리는 색으로 선택하고 종이에 소용돌이로 표현해보자고 함. "꼭 소용돌이로 원형으로 표현해야 해요?", "일단 너가 원하는 대로 표현해보자."

활동 중: 조용히 활동에 집중함. 어떤 화가 났던 일에 대해서는 말하지 않고 그 느낌. 정서에 집중해서 표현하려고 노력함. 원하는 색감이 딱 정해져 있었고 검정색, 파란색, 하얀색을 이용.

활동 후: T가 활동 후의 느낌이 어떤지 물어봤다. "의외로 괜찮은 것 같아요." (괜찮다는 게 어떤 의미인지?) "기분이 좀 풀렸어요. 내 감정이 잘 표현된 것 같아요." (더 설명해줄 수 있는지?) "아… 말을 하고 싶진 않아요. 근데 종이에 제 느낌이 잘 표현된 것 같아요. 그래서 기분이 좀 나아졌어요. 손 가는 대로 표현해서 딱 의미를 설명하기가 어려워요. 잘 모르겠어요."

[그림 69] 내 마음 속의 소용돌이 (초등학생 9살 남)

도입: 게임 말고 그림그리기 활동을 해볼 것이다. 물감을 사용할거고 활동하기에 앞서서 '화'에 대해서 알고 있는지 물으면서 시작. 그런 기분이 들었던 사건에 대해서 이야기 한다. (친구랑 나란히 걸어가는 중이었는데, 그 친구가 앞질러 가면서 팔꿈치를 이용해 자신을 때렸다. 아프고 눈물 났으며 슬펐다고 한다)

활동 중: '번개를 그릴까' 등, 망설이는 반응을 보여 자신의 마음 속의 소용돌이를 원하는대로 표현해보라고 하였다. 다양한 크기의 붓을 사용하면서 기분, 감정, 마음 속을 표현하였다.

활동 후: 황토색으로 표현된 번개는 맞았을 때의 아픔이라고 함 파랗게 찍은 점은 맞고 난 후의 우울감을 표현했다고 함 밑의 것은 그냥 해본 것이라고 하였다. 회오리는 혼란스러운 감정을 나타낸 것으로 보임. 왜 그렸는지 잘 모르겠다고 반응하였다.

활동소감: 잘 모르겠다는 반응이 많았다. "이런건 어려운 것 같아요."라고 반응하였다. 자신의 기분이 잘 표현된 것 같냐는 T의 질문에 표현한 색깔이 마음에 든다고 하였다. 팔레트로 이용한 접시에 남은 물감을 다 섞어서 자발적으로 물감놀이를 하였다.

※ 참고문헌
박현주, 서명옥 공저(2009). 미술치료의 매체활용법. 학지사, p. 105.

33회기: 부정적 정서반응 ⇨ 감정선 표현하기

목표

① 내담자의 정서적 이완을 돕는다.

② 내담자가 현재 느끼는 감정에 대한 인식과 탐색을 돕는다.

기대효과

자신의 마음을 다스릴 수 있다.

준비물

8절 도화지, 사인펜, 아세톤, 연필, 지우개, 붓

활동방법

도입(10분): ① 인사나누기 ② 워밍업

활동(30분):

① 수성사인펜으로 자신이 현재 느끼고 있는 감정을 도형이나 선으로 그려 표현한다.

② 전체적으로 채색이 필요한 부분은 채색을 한다.

③ 채색을 한 부분에 붓으로 아세톤을 떨어뜨리면 번지는 효과를 볼 수 있다.

이야기(10분): 작품의 전 과정과 작품 속 이야기 나누기

치료환경 정리 정리정돈

주의사항

아세톤은 특유의 향이 있기 때문에 작업 시 반드시 환기를 시켜야 한다.

[그림 70] 감정선 표현하기 - 제목: 내 마음에 가족 (초등학생 12세 남)

마음을 도형이나 선으로 그리라고 했을 때 별이 생각났다. 별은 스타이기도 하지만 밤에만 보인다. 그리고 뾰족한 5개가 현재의 내 마음을 나타내는 것 같다. 선을 그리면서 다른 감정의 색을 칠하고 물을 떨어뜨렸는데, 물이 묻어 번진 것과 물이 묻지 않은 것이 보였다. 나의 마음에 감정을 보니 물감이 번져 얼룩이 진 것은 마음에 상처를 받았던 나의 슬픔이고, 번지지 않은 것은 상처받지 않은 감정같다. 생각해보니 오늘 한 작업은 내 마음의 감정 자극 같다.

※ 참고문헌
박현주, 서명옥 공저(2009). 미술치료의 매체활용법. 학지사, p. 111.

34회기: 부정적 정서반응 ⇨ 감정의 물결 표현하기

목표

① 연상되는 것을 통해 내담자의 내면을 탐색한다.

② 창의력과 표현력을 증진시킨다.

기대효과

자신의 감정을 알 수 있다.

준비물

8절 도화지, 마블링물감, 나무막대, 넓은 대야, 크레파스, 가위, 풀

활동방법

도입(10분): ① 인사나누기 ② 워밍업

활동(30분):

① 넓은 대야에 물을 1/3정도 담고 2~3가지 색상을 풀어준다.

② 나무막대를 이용하여 물감이 잘 섞이도록 젓는다. (너무 많이 젓지 않는다.)

③ 종이를 물 위에 얹어 물감을 뜬다.

④ 마블링을 이용해 자신의 심상을 표현한다. 다른 화지에 그림을 그리고 마블링을 오
　려 붙일 수 도 있다.

이야기(10분): 작품의 전 과정과 작품 속 이야기 나누기

　　　　　　　치료환경 정리 정리정돈

주의사항

마블링 물감은 유성물감이므로 옷에 묻었을 때는 벤젠이나 시너로 닦아야 한다.

[그림 71] 마블링 – 제목: 산천어 축제 (초등학교 12세 여)

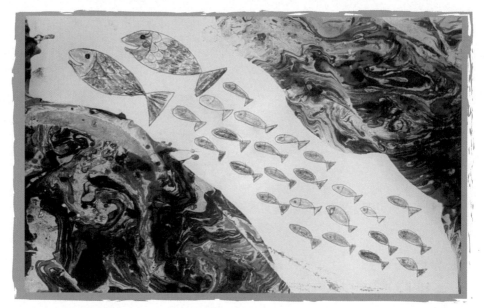

마블링 물감을 대야에 풀어서 도화지에 찍는다. 여러 장 찍어서 말린 후 다음 주에 물감
이 찍힌 도화지를 감상하고 어떤 이미지를 할지 탐색한다. 아동은 가운데가 흐르는 물
같고 양 옆에는 산과 들 같다며 작년에 산천어 축제에 갔던 기억이 떠오른다고 하면서
물고기를 그려 주었다. 엄마 아빠 물고기를 그리고 아기 물고기들을 많이 그려주었다.

[그림 72] 마블링 – 제목: 깊은 산 속 옹달샘 (초등학교 12세 여)

마블링이 묻은 도화지를 오려서 다른 도화지에 붙인다. 산 모양과 물이 있는 호수를 만들고 색칠을 하여 산 속에 옹달샘이 있어서 동물들과 지나가다 목마른 사람들이 먹고 간다. 폭포도 있어서 목욕을 할 수도 있다. 아동은 두 작품 다 마음에 든다며 만족해 하였다.

※ 참고문헌
박현주, 서명옥 공저(2009). 미술치료의 매체활용법. 학지사.

CHAPTER 03

단계 4. 트라우마 내담자 인지재구성단계

~~~~~~~~~~~~~~~~

① 재통합을 위한 인지재구성 치료목표: 트라우마에 대한 인지재평가로 힘, 능력, 자존감, 친밀감을 형성하는 것이다.

② 재통합을 위한 인지재구성 미술치료 프로그램은 다음과 같다.

35회기: 부정적 정서반응 ⇨ 나에 대한 꼬리말 떼기

목표
지금까지 학교나 가정에서 자신에게 붙여진 부정적인 호칭이나, 별명 등 자신에게 붙여진 꼬리말이 붙여진 이유에 대해 생각해 본다.

기대효과
자신에게 붙여진 꼬리말을 떼기 위해 무엇을 해야 하는지 해결점을 발견하고 실천한다.

준비물
큰 비닐(김장용 비닐), 색종이나 종이, 유성매직, 풀, 가위, 테이프

활동방법
도입(10분): ① 인사나누기 ② 워밍업

활동(30분):
① 가정이나 학교에서 자신에게 붙여진 꼬리말을 생각해 보고 그림과 글로 적어본다.
② 내가 표현한 나의 꼬리말들을 오려서 비닐에 자유롭게 붙인다.
③ 자신의 이름이나 자신을 상징하는 꼬리말이 붙여진 비닐을 덮어 씌어 보고 그 느낌을 이야기해 본다.
④ 비닐을 덮어썼을 때의 답답함과 불편함처럼 그 꼬리말들이 자신을 어떻게 힘들게 하는지 생각하고 이야기를 나눈다.
⑤ 자신에게 왜 이런 이름, 꼬리말, 별명 등이 붙여졌는지 생각하고 자신을 어떻게 힘들게 하는지 생각하고 이야기를 나눈다.
⑥ 기록한 내용을 발표하고 자신에게 붙여진 꼬리말을 뗄 수 있을 정도의 이유와 해결책을 찾으면 크게 소리 지르며 덮어쓴 비닐을 손으로 찢어내고 꼬리말에서 벗어나는 쾌감을 간접적으로 느껴 본다.

이야기(10분): 작품의 전 과정과 작품 속 이야기 나누기, 치료실 환경 정리정돈

주의사항

① 아동들이 비닐에 그림이나 글을 적을 때 옷에 묻지 않도록 토시를 준비하거나 주의를 준다.

② 꼬리말이 적힌 비닐이 잘 찢어지지 않을 경우 교사가 약간의 흠집을 내어 주어 부정적인 꼬리말이 빨리 사라지는 효과를 준다.

③ 자신의 꼬리말이 적힌 비닐이 잘 찢겨지지 않을 때 친구들이 함께 찢을 수 있도록 하는 것도 좋은 방법이다.

활동사진

[그림 73] 나에 대한 꼬리말 떼기 (초등학교 3학년 여자 3명)

[그림 74] 나에 대한 꼬리말 떼기 (초등학교 3학년 여자 3명)

[그림 75] 나에 대한 꼬리말 떼기 (초등학교 3학년 여자 3명)

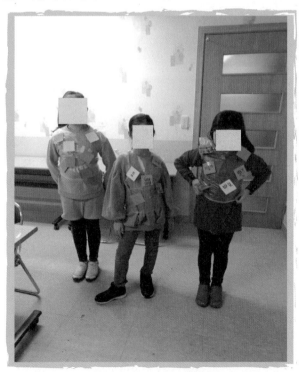

학교 친구들의 별명. 처음엔 보여주기 싫어서 쓴 걸 손으로 가리고 쓰다가 나중에는 서로 뭐 썼는지 확인하고 자신의 꼬리말을 들었을 때의 기분에 대해서 나누었다.

꼬리말 쓴 봉투를 몸에 써서 찢는데, 잘게 자르고 싶고 다 가루를 내서 없애버리고 싶다고 말함. 큰 소리를 내면서 소리도 지르고 봉지를 찢었다.

가장 듣기 싫은 말은 남과 비교하는 것으로 참여한 모든 친구들이 비교 당한 경험을 얘기했고 찢고 나서는 후련한 기분이 든다고 말했다.

※ 참고문헌

이숙민·송순(2018). 성폭력피해 청소년의 정서안정감, 자아탄력성, 자아존중감 향상을 위한 인간중심 미술치료 사례연구. 디지털융복합연구 16(2), 385-402.

지옥진(2006). 집단미술치료가 정신지체 청소년의 자율신경계에 미치는 영향. 석사학위논문.

36회기: 부정적 대처 전략 ⇨ 나의 행동이나 말 바꾸기

목표
친구와의 관계를 방해하는 자신의 행동이나 말을 긍정적으로 바꾸어 직접 실천 해 본다.

기대효과
① 긍정적인 친구관계를 방해하는 자신의 행동, 말, 습관을 긍정적으로 바꾼다.
② 나의 행동, 말, 습관의 변화로 친구와 긍정적이고 원만한 관계를 형성한다.

준비물
A4 용지, 사인펜, 색연필

활동방법
도입(10분): ① 인사나누기 ② 워밍업

활동(30분):
① 자신의 친구들과 자신과의 관계에 대해 생각해 본다.
② 자신의 어떤 행동이 친구와의 긍정적인 친구관계를 유지하는 데 방해가 되는지 생각해보고, 표현해 본다.
③ 사소한 행동이나 말의 습관이라도 그것이 친구와의 다툼을 유발하거나 관계를 소원하게 하는 부분이 있으면 표현해 보도록 한다.
④ 친구들과 자신의 그림에 대해 발표하고 나누는 시간을 가진다.
⑤ 발표 후 친구와의 관계를 방해하는 자신의 행동이나 말을 어떻게 긍정적으로 바꿀 것인지 구체적인 행동과 언어로 표현해 본다.
⑥ 활동 후 느낀 점에 대해 이야기를 나눈다.

이야기(10분): 작품의 전 과정과 작품 속 이야기 나누기, 치료환경 정리

주의사항

아동들이 다른 사람에게서 문제점을 발견하기에 앞서 나를 돌아보는 시간을 갖도록 돕는다

활동사진

[그림 76] 나의 행동이나 말 바꾸기 (초등학교 6학년 남)

나는 화가 난다. 집에서 아무도 내 편을 안 들어준다. 그런데 엄마는 그래도 나를 생각한다. "선생님. 게임 유투브 같이 할래요.", "혼자서 하는 게임인데 집에서 아무도 내 편이 없어요."라고 하면서 일요일에 같이 하자고 한다.

아동은 욱하고 화내고 급한 면이 있고 고집이 있어서 친구들이 나를 싫어한다. 그래서 엄마와 선생님은 차분하게 천천히 하고 친절하게 말하라고 해서 그렇게 하려고 노력해요.

※ 참고문헌

최외선·김갑숙·서소희·홍인애 공저(2010). 미술치료 열두달 프로그램. 학지사, p. 96.

37회기: 부정적 대처 전략 ⇨ 긍정상 받는 날

목표
① 타인이 보는 나의 긍정적인 부분을 칭찬받고 알아볼 수 있다.

기대효과
① 긍정적 자기상을 고취시킬 수 있다.

② 자존감과 효능감을 형성시킬 수 있다.

준비물
도화지, A4 용지, 사인펜, 색연필, 연필, 지우개

활동방법
도입(10분): ① 인사나누기 ② 워밍업

활동(30분):

① 롤링페이퍼 작업을 하기 전에 종이를 돌릴 방향을 정한다.

② 그 다음에 각자의 종이에 자신의 이름을 적고 종이를 돌린다.

③ 롤링페이퍼 작업이 끝난 후에 받은 자신의 종이를 이용하여 자신만의 상장을 꾸민다.

④ 완성된 상장을 다른 사람들에게 소개한다.

이야기(10분): 작품의 전 과정과 작품 속 이야기 나누기 치료환경 정리

주의사항
서로에게 칭찬할 때 마음을 담아 진심으로 칭찬할 수 있도록 돕는다.

[그림 77] 칭찬릴레이 (초등학생 2학년 여)

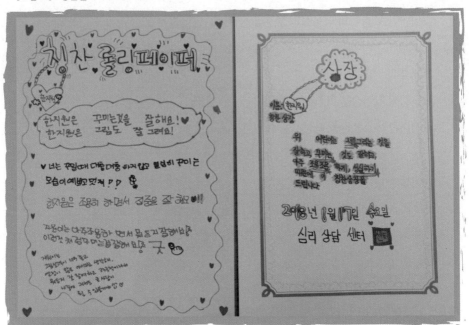

원래 말이 잘 없는 아이. 집단 시간에도 말이 별로 없는데, 칭찬릴레이에서 '친구들이 조용히 하면서 집중을 잘한다고' 칭찬으로 적어주고 아동도 그것을 상장 내용에 적음. 평소 그림그리는걸 좋아하고 미술가가 꿈인데 그래서 칭찬으로 그림그리고, 꾸미는걸 잘한다는 칭찬을 받고 아주! 만족하고 좋아함.

※ 참고자료

http://www.mohyun.ms.kr/wah/main/bbs/board/view.htm?cateCode=&domain.dataNo=3010&domain.depth=0&domain.topThread=3005&menuCode=130&pageNo=8&scale=10&searchField=&searchKeyword=.

http://cafe.naver.com/myelitefriend/46473.

38회기: 안전한 나 ⇨ 안전우산

목표
스트레스 상황에서 자신이 피할 수 있는 안전한 장소를 만들고 자신이 만든 안전한 장소에서 심리적인 이완을 경험한다.

기대효과
긍정적 자아상을 고취시킬 수 있다.

준비물
우산, 유성매직

활동방법
도입(10분): ① 인사나누기 ② 워밍업

활동(30분):
① 우산에다 유성매직으로 자신이 생각하면 기분 좋아지는 것들을 그림으로 표현해 본다.
② 화가 나거나 스트레스 상황에 처했을 때 우산을 펼쳐서 우산 그늘 안으로 들어간다.
③ 우산 안에서 우산이 자신의 스트레스를 막아 줄 것이라는 상상을 하며 안전한 장소의 경험을 한다.
④ 활동 후 느낀 점에 대해 이야기를 나눈다.

이야기(10분): 작품의 전 과정과 작품 속 이야기 나누기, 치료환경 정리

주의사항
우산은 그림이 잘 그려지고 무늬나 그림이 없는 일회용 우산으로 준비한다.

활동사진

[그림 78] 안전우산 (6세 여)

반응: "희진이만의 특별한 우산을 만들거야. 생각만해도 기분이 좋아지는 거, 좋아하는 거를 우산에 그릴거야."라는 식의 도입 설명을 한다.

도입 반응: "싫어하는거 그리면 안 돼요?", "기분 좋아지는거 잘 모르겠어요." 고민의 시간을 가져, 예시를 들어주었다.

하는 도중의 반응: 예시를 듣고 그림을 그리기 시작. 밑그림 다 그리고 나서 색칠 진행. 갑자기 T에게 막내인지 가족에 대해서 묻는다. 애기(막내동생) 얘기를 하다가 뱃속에 있었던 때에 대한 이야기를 했다. (기억이 잘 안난다고 함)(자발적으로 자신의 가족 이야기를 하고, T의 가족 이야기를 묻는다)

▶ 엄마 + 별(별이 예뻐서), 아빠 + 별(별이 예뻐서), 오빠 + 하트(하트가 좋아서) + 눈, 8살짜리 오빠(아주 먼 곳에 사는 오빠. 나보다 커서 그림) + 별, 7살 언니 + 발자국(누군가가 남긴), 아빠("아빠를 더 그렸어요.") + 별, 삼촌 + 별, 공주(자기 상인 것 같음)

※ 참고문헌

최외선·김갑숙·서소희·홍인애 공저(2010). 창의성과 사회적 기술 향상을 위한 미술치료 열두 달 프로그램. 학지사, p.154.

이숙민·송순(2018). 성폭력피해 청소년의 정서안정감, 자아탄력성, 자아존중감 향상을 위한 인간중심 미술치료 사례연구. 디지털융복합연구 16(2), 385–402.

39회기: 각성조절 ⇨ 현재의 나를 그려보아요

목표

① 꼭 그려야만 그림이 완성된다는 강박증의 제거로 자신감을 확대시킨다.

② 미적 심미안이 확대된다.

기대효과

① 나에 대해 재인식을 할 수 있다.

② 풀로 붙이고 그리고 하는 가운데 주의력이 향상된다.

준비물

한지, 각종 잡지책, 풀, 가위. 크레파스, 4B 연필

활동방법

도입(10분): ① 인사나누기 ② 워밍업

활동(30분):

① 작업을 하기 전에 자신이 되고 싶은 부모 아들/딸의 모습을 생각해보는 시간을 갖는다.

② 각종 잡지책에서 내가 되고 싶은 모습과 맞는 부분을 오린다.

③ 풀로 붙인다.

④ 나머지 부분을 어떤 재료를 사용하든 예쁘게 그려 넣는다.

⑤ 조화롭게 되었는지 살펴보고 마무리한다.

⑥ 정리하여 감상과 평가를 한다

이야기(10분): 작품의 전 과정과 작품 속 이야기 나누기 치료환경 정리

주의사항

① 가위를 사용할 때 손을 조심한다.

② 풀이 옷에 더럽혀지지 않게 잘 사용한다.

활동사진

[그림 79] 각성조절 (초등학교 6학년 여)

① "엄마 아빠는 공부해서 대학교수가 되었으면 하는데, 나는 정원사로 자연과 살면서 재
난으로부터 봉사하는 삶을 살고 싶어서. 봉사의 여신과 정원사의 이미지를 그렸다."

② "사람들이 돈을 많이 벌고, 유명하거나 능력있는 사람이 중요하다고 하는데, 나는
아무도 하고 싶어하지 않는 작은 일을 하는 것도 좋다고 생각한다."

③ T: "부모님이 실망하면?"

"나의 부모님은 내가 더 잘되기를 바라지만. 내가 하고 싶은 일을 하며 행복하면 실
망하지 않을 거에요."

④ "저는 공부하는 거."

※ 참고문헌
이혜숙 지음(2009). 특수아동 미술교육과 통합의 실제. 양서원. p. 144.

40회기: 자원점검 ⇨ 희망사항

목표
자신이 이루고 싶었던 소망이나 희망을 다시 상기시키는 시간을 갖는다.

기대효과
① 긍정적 자아상을 고취시킬 수 있다.

② 자신의 미래에 대해 긍정적으로 생각해보고 소망과 희망을 알 수 있다.

준비물
종이, 펜이나 연필, 색연필

활동방법
도입(10분): ① 인사나누기 ② 워밍업

활동(30분):

① 자신이 이루고 싶은 소망과 희망을 생각해보는 시간을 갖는다.

② 그 다음 준비된 종이에 자신이 이루고 싶은 소망과 희망을 적는다.

③ 다 그린 그림을 보고 어떤 내용인지 이야기를 나눈다.

이야기(10분): 작품의 전 과정과 작품 속 이야기 나누기 치료환경 정리

[그림 80] 희망사항 (유치원생 7세 여)

T: 자신이 하고싶은 소망이나 희망이 무엇인지 생각해보고 이루고 싶은 꿈을 그려봅
  시다.

C: "내가 서른 네 살인데, 만화 만드는 회사인데, 사장님이 지금 아이들이 만화볼거라
  고 만화를 빨리 만들라고 했어요."

T: "사장님이 어디 있어요."

C: "말하는 뒷모습이에요. 그 앞에 서있는 1번 큰 여자가 나에요."

T: "번호는 뭐예요."

C: "1번 자리. 2번 자리. 자기 자리 나타낸거예요. 남자가 훈남인데 여자들이 1, 2, 3번
  이 반해서 좋아하니까 일부러 음악 들으면서 센스있어 보이는 척 하는거에요." "4번
  남자는 친구들에게 장난하고 모자도 뺏었어요 그래서 여자들이 싫어해요. 3번 여자
  는 2번 남자를 좋아하는데, 2번 훈남이 1번 여자를 좋아하니까, 3번 여자는 질투를
  해요."

만화 '반지의 비밀일기'와 '자두' 만화를 보고 영향을 받아서 느낀 것을 이야기 한 것 같다고 아동의 어머님이 말씀하셨다. 아동을 그림그리는 것을 좋아하고 평소에도 집에서 그림을 그리면서 동생과 역할놀이를 즐겨한다고 한다.

오늘도 아동은 그림을 그리면서 자신은 만화를 그리는 회사에 다니고 "회사에 다니면 돈도 받나요?", "그럼 회사에서 일을 하니까 월급을 받지."라고 했더니 자신은 만화 그리는 회사에 다닐거라고 말하였다.

※ 참고문헌

비키 바버 저, 홍은주 역(2009). 미술치료 작업노트 나를 찾는 여행. 시그마프레스, p.106-107.

41회기: 일상의 기능 ⇨ 나만의 특별한 기념일

목표
① 기념하고 싶은 자신만의 기념일을 만들어 자신이 관심 있고 흥미 있어 하는 부분이 어떤 것인지 생각하고 깨닫는다.
② 자신만의 상상을 현실화시켜 즐겨봄으로서 자존감을 높인다.

2) 기대효과
긍정적인 자아상을 향상시킬 수 있다.

준비물
색 도화지, 사인펜, 매직, 스티커, 반짝이 풀 등 꾸미기 재료

활동방법
도입(10분): ① 인사나누기 ② 워밍업

활동(30분):
① 공휴일과 기념일에 대해 서로 이야기 나누는 시간을 가진다.
② 자신이 만들고 싶은 기념일을 정하여 그 날 어떤 행사를 하고, 어떤 선물을 주고받으며 누구랑 함께 보내고 싶은지 생각해 본다.
③ 자신만의 기념일에 초대할 사람들을 위한 초대장을 만들어 본다.
④ 초대장에는 그 기념일에 대한 간단한 설명과 그 행사에 초대할 사람, 그 날에 할 일 등을 기록해서 멋지게 꾸며본다.
⑤ 활동 후 느낀 점에 대해 이야기를 나눈다.

이야기(10분): 작품의 전 과정과 작품 속 이야기 나누기 치료환경 정리

주의사항

초대장에 꼭 넣어야 할 사항들이 빠지지 않도록 주의한다.

활동사진

[그림 81] 나만의 특별한 기념일 - 생일 초대장 만들기 (유치원 6세 여)

[그림 82] 나만의 특별한 기념일 - 생일 초대장 만들기 (유치원 6세 여)

생일초대장을 만들어서 승○, 예○, 재○을 초대하겠다고 한다.

"손을 뒤로 숨겼어요. 손이 못생겨서." 하더니 손을 동그랗게 해준다.

언니와 동생, 나무를 그렸다. (얼굴, 목, 손) 같은 색으로 해줌.

구슬로 붙여 꾸민 후, 초대하는 아이들을 동물 케릭터로 "승○는 돌고래 귀여운 소리를 해서 '크웅, 웅~'", "예○이는 당나귀 빠르니까. 킥보드 탈 때 빠르고 잘 뛴다.", "재○이는 오리로 해주었다 엄마한테 잘 붙어있어서."

어른들이 들고 다니는 진짜 핸드폰 있으면 사진만 찍으려고 친구들 찍고, 나도 찍고요.

아동은 아침에도 울고 오늘도 엄마 떨어지기 싫다며 울었다. 입실해서는 초대장을 만들며 "○○ 선생님 보고 싶다."라며 울먹였다.

※ 참고문헌

최외선·김갑숙·서소희·홍인애 공저(2010). 창의성과 사회적 기술 향상을 위한 미술치료 열두 달 프로그램. 학지사, p.142.

42회기: 각성조절 ⇨ 반면 가면

목표
자신의 인격의 각기 다른 측면을 탐색하고 자아에 대한 스스로의 인식에 도전한다.

기대효과
관습적으로 변장을 하기 위해 썼던 가면은 자신의 많은 금제와 자율적 기대를 벗어 버리게 할 것이다. 인격에서 어떤 부정적인 측면을 숨길 수 있는 가면을 만들 것인지, 혹은 긍정적인 기질을 부각시킬 수 있는 가면을 만들 것인지를 선택해야 한다. 얼굴 윗부분을 가리는 가면을 만들 것 인지, 얼굴 아랫부분을 가리는 가면을 만들 것인지를 선택하는 데 따라서 당신 자신에 대하여 많은 것을 말해 줄 것이다.

준비물
자 또는 줄자, 종이와 펜, 마분지 몇 장, 가위, 오일 파스텔 또는 그림 물감과 붓, PVA 풀, 펀치, 고무줄

활동방법
도입(10분): ① 인사나누기 ② 워밍업

활동(30분):
① 얼굴의 윗부분을 가리는 가면을 만들 것인지, 아랫부분을 가리는 가면을 만들 것인지를 결정한다. 아니면 둘 다 만들 수도 있다.
② 손가락이나 줄자, 자를 이용하여 적당한 위치에서 얼굴의 크기를 잰다. 그런 다음 종이 위에 적당한 위치에서 얼굴의 크기를 잰다. 그런 다음 종이 위에 적당한 크기의 본을 그린다. 단순한 것이든 복잡하고 정교한 것이든 원하는 디자인으로 그린다. 본을 떠 두면 나중에 가면을 만들 때에도 사용할 수 있다.
③ 마분지에 본을 대고 그린 후 잘라 낸다.

④ 가면을 얼굴에 대어보고 눈이나 입술이 위치할 곳을 표시해 둔다. 상부 가면이냐 하부 가면이냐에 따라 다르다. 가면 위에 눈이나 입술 모양을 그리고 뚫는다.

⑤ 물감이나 크레파스를 이용해서 색과 패턴을 그려 가면을 장식한다. 원한다면 금속 장식이나 비즈 기타 여러 가지 잡동사니를 가면에 붙일 수 있다.

⑥ 마지막으로 가면을 얼굴에 쓸 방법을 찾아야 한다. 가면을 얼굴에 붙이기 위해서 양쪽 끝에 펀치로 구멍을 뚫고 리본이나 고무줄로 엮은 후 적당한 길이로 잘라 내고 매듭을 지어 단단히 고정시킨다.

⑦ 거울 앞에서 완성된 가면을 써본다. 가면을 두 개 만들었다면 함께 써 보기도 하고 따로 써 보기도 한다. 쓰기 어려운 가면은 시간이 더 걸린다는 것을 알게 될 것이다.

⑧ 가면을 쓰고서 스스로를 어떻게 느끼는지를 본다. 거울 속의 자신과 대화하거나, 시를 큰 소리로 읽거나, 가면에서 영감을 얻어 몽상적인 이야기를 지어 내거나, 가면을 쓰고 춤을 춘다. 이런 경험들과 그 영향에 대해서 일기에 잘 기록해야 한다.

이야기(10분): 작품의 전 과정과 작품 속 이야기 나누기 치료환경 정리

주의사항

아동의 몽상적인 자아를 벗어나는 것은 매우 가치있는 경험이기 때문에 가능한한 많은 것을 얻으려고 해야 한다.

활동사진

[그림 83] 반면가면 (초등학교 3학년 여)

꾸미는 것을 좋아하는 아동은 가면을 보고 관심과 흥미를 보이며 적극적으로 가면 꾸미기를 하였다. 다 완성하고 가면을 쓰고 자신이 왕비로 해주고 하나는 왕으로 해서 1인 2역을 하였다 그동안 하고 싶었던 이야기를 표현하였다.

※ 참고문헌
비키 바버 저, 홍은주 역(2009). 미술치료 작업노트 나를 찾는 여행. 시그마프레스, p. 90.

43회기: 촉감 만들기 ⇨ 액체 점토

목표
액체를 혼합하여 손에 감각으로 비비고, 뭉치고, 모아서 촉감 활동을 한다. 애착에 대학 무의식의 억압된 정서를 표출하고, 촉감에 대한 심리 정서적으로 몸과 마음을 이완 시킬 수 있고 만족감과 자존감을 증진시킨다.

기대효과
촉감 활동으로 오감을 만족시키며 자유롭게 만질 수 있고 부드럽고 쫄깃쫄깃한 액체가 무의식의 감성을 자극하며 내 스스로 마음대로 자유롭게 활동 할 수 있다는 즐거움이 만족감을 줄 수 있다.

준비물
비닐판, 핸드크림
① 물풀 4스푼, 쉐이빙풀 주먹 만큼, 리뉴액 3스푼
② 물풀 4스푼, 물 6스푼, 리뉴액 3스푼, 소다 6꼬집

활동방법
도입(10분): ① 어떤 점토 활동을 해봤는지 느낌이 어떠했는지 이야기를 해본다.
② 비닐판이나 코팅된 책상에서 한다.
③ 마음을 편하게 하기
④ 호흡 신체활동 워밍업

활동(30분):
① 액체 점토라는 재료를 설명해주고 해본 적 있는지 이야기를 한다. youtube에서 액괴 만드는 것을 보았는지 이야기를 해본다.
② 동그란 볼에 물풀 4스푼, 쉐이빙 폼을 흔들어서 주먹만큼 짠다. 리뉴액 3~4스푼 넣

고 섞어준다. 모아서 뭉치고 잘 섞어서 완성되면 핸드크림 약간 넣어서 부드럽게 해준다.

③ 만드는 것을 길게 늘어뜨리거나 가르기, 마블링 바품(바닥 풍선의 줄임말) 만들기, 빨대로 풍선 불기(빨품은 빨대 풍선의 줄임말), 주먹쥐고 만지면 꽉꽉이(꽉꽉 누르면서 만지는 행동을 꽉꽉이라고 부른다).

이야기(10분): 작품의 전 과정과 작품 속 이야기 나누기 치료환경 정리

주의사항
① 먹으면 안 된다.
② 하고 난 후 반드시 손을 씻는다.

활동사진

[그림 84] 액체 괴물 만들기(초등학교 2학년 여) 풍선불기

[그림 85] 액체 괴물 만들기 (초등학교 2학년 여), 바품 만들기(바닦에서 만든 풍선을 바품이라고 함)

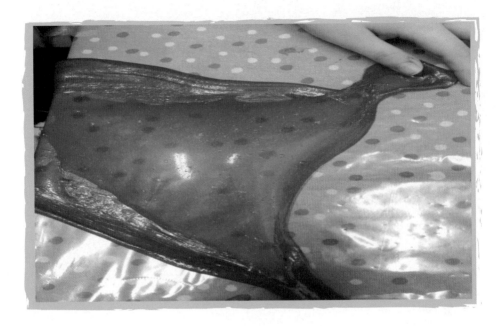

[그림 86] 액체 괴물 만들기 (초등학교 2학년 여), 꼬집꼬집

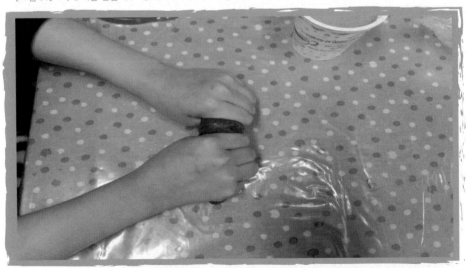

[그림 87] 액체괴물 만들기 (초등학교 2학년 여), 꼭꼭.

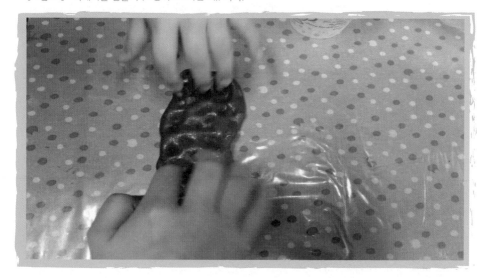

아동은 촉감 활동을 좋아해서 다양한 액체 점토(액체 괴물)만들기를 하였다. 유튜브를 보고 다양하게 만들고 여러가지 활동을 하였다.

촉감 활동으로 아동이 손에 느낌을 좋다고 이야기하며 매주 한 학기동안 다양한 액체 괴물을 만들었다. 아동은 집중하고 몰입하며 창조적 활동으로 표정이 밝아지고 기분이 좋은 모습이며 재미있어 하였다. 아동의 모께서는 아동을 오랜만에 보는 사람들이 "○○이가 표정이 밝아진 것 같아요."라는 이야기를 듣는다고 하신다.

※ 참고문헌
지옥진(2006). 집단미술치료가 정신지체 청소년의 자율신경계에 미치는 영향. 석사학위논문.

44회기: 조절기반 ⇨ 비바람을 견뎌낸 나무

목표
현재 아동 자신의 모습을 '비바람을 견뎌낸 나무'에 비유해 생각해 봄으로써 자신의 성장을 확인해 볼 수 있다.

기대효과
자신의 성장을 위해 필요한 자원이나 가족이나 또래 등 관계하는 사람들이 제공해 주기를 바라는 지원 목록을 탐색해 볼 수 있다.

준비물
B4 용지, 사인펜이나 색연필

활동방법
도입(10분): ① 인사나누기 ② 워밍업

활동(30분):

① 여름날의 장맛비, 늦여름 태풍에 대해 생각해 보고 자신에게 장맛비나 태풍처럼 길고 지루하며 힘든 상황은 무엇이 있는지 생각해 보고 이야기 나눈다.

② "장맛비가 퍼붓고 태풍이 지나간 자리의 나무가 가을을 맞이하였습니다. 지금 - 현재 그 나무의 가지는 어떤 모습인지 그려주세요."라는 지시에 따라 그림을 그린다.

③ 아동 자신이 그린 그림에 대해서 이야기 나눈다.

- 장맛비가 퍼붓는 동안 썩지 않고 뿌리가 뽑히지 않게 자신이 노력한 것은 어떤 부분인가?

- 태풍의 강한 바람에 상하거나 생채기가 나거나 꺾인 가지가 있다면 회복하기 위해 어떤 노력이 필요한가?

- 가을을 맞아 열매를 맺기 위해 필요한 것은 무엇인가?(나의 노력/외부에서 지원 되어야 할 것)

이야기(10분): 작품의 전 과정과 작품 속 이야기 나누기 치료환경 정리

주의사항

① 장맛비와 태풍의 상징성에 대한 이해가 있어야만 비바람을 견뎌낸 나무에 자신을 비유할 수 있으므로 충분한 예를 들어 설명하고 이야기 나누는 시간을 충분히 제공한다.

② 비바람을 견뎌낸 나무에 대해 탐색하였지만 그림은 전체 나무의 모습보다는 나뭇가지로 표현하게 하여 환경과 타인과의 관계에서 무엇인가를 달성하고자 하는 힘이 중심이 되어 표현되도록 한다.

활동사진

[그림 88] 비바람을 견뎌낸 나무(7세 여)

장마비가 퍼붓고 태풍이 지나간 나무를 그려달라고 하였는데, 왼쪽에 나무를 그렸다. 다시 한 번 질문을 물어보자 그럼 옆에다 그 나무를 다시 그려 본다고 하며 그리고 "나무는 잘 서있지만 나뭇가지는 다 꺾이고 힘이 없다."고 말했다. 나중에는 떨어지고 다시 건강해질 것 이라고 말했다.

※ 참고문헌
최외선·김갑숙·서소희·홍인애·류미련·강수현 공저(2012). 미술치료 열 두달 프로그램 Ⅱ. 학지사, p. 200.

CHAPTER 04

단계 4. 트라우마 내담자 각성수준 조절단계

① 각성수준 조절을 위한 치료목표: 미술치료 프로그램을 통한 정서 및 부정적 감정에 대한 취약성을 줄이며 지금 현재의 현실감을 유지하는 치료 구조화를 한다.

② 말기의 각성수준 조절을 위한 치 미술치료 프로그램은 다음과 같다.

45회기: 조절기반 ⇨ 첫걸음

목표
첫걸음의 의미를 통해 용기의 가치를 발견할 수 있다.

기대효과
처음으로 용기를 내어 시도한 행동과 그 행동을 스스로 강화할 수 있는 방법을 탐색할 수 있다.

준비물
고흐의 <첫걸음> 작품, 명화의 일부분이 그려진 도안, 사인펜, 크레파스나 색연필

활동방법
도입(10분): ① 인사나누기 ② 워밍업

활동(30분):

① 고흐의 <첫걸음> 작품을 보고 누구의 작품인지, 제목은 무엇인지, 어떤 것을 표현하고자 했는지 등 자세히 이야기 나눈다.

② 명화의 일부분이 그려진 도안을 보며 어떤 그림인지 이야기 나눈다.

③ 아동 자신에게서 용기가 필요했던 첫걸음, 처음 시도해 본 것에 대해 이야기 나눈다.

- 언제, 어떻게 첫걸음(처음 시도해 본 일)을 걸었는가?

- 시도 했을 때 느꼈던 감정은? 주변의 반응은?

- 시도의 결과는? 그때 들었던 생각이나 느낌은? 주변의 반응은?

- 시도를 하려 할 때 자신의 행동을 방해하는 것은?

- 주변에서 어떤 반응을 보이면 자신의 시도에 힘을 실어 주는 것일까?

④ 아동 자신에게 용기가 필요했던 첫걸음(처음 시도해 본 일)을 생각하며 도안의 나머지 부분을 채워서 그림을 완성한다.

⑤ 아동 자신이 그린 그림에 대해서 이야기 나눈다.

⑥ 앞으로 새롭게 시도를 해 보고 싶은 일은 무엇인지, 다시 용기를 내어 하고 싶은 것
이 있다면 무엇인지 이야기 나눈다.

⑦ 활동 후 느낀점에 대해서 이야기 나눈다.

이야기(10분): 작품의 전 과정과 작품 속 이야기 나누기 치료환경 정리

주의사항
① 첫걸음의 의미를 충분히 탐색하며 용기, 도전 등의 개념과 쉽게 연관 지을 수 있도
록 유도한다.

② 처음으로 시도해 본때의 감정(두려움, 설렘)에 대해 자세히 다루어 준다.

활동사진

[그림 89] 첫걸음 (초등학교 6학년 여)

- 언제 어떤 첫걸음을(시도해본 일) 걸었는가?

"나는 초등학교 1학년때 처음 운동회에서 달리기를 1등했다. 상으로 손에 도장도 찍고 공책도 상으로 받았어요."

- 시도했을 때 느꼈던 감정은? 주변의 반응은?

"너무 기분이 좋았고 어깨가 으쓱했어요. 친구들과 어른들이 너무 잘 뛴다고 칭찬을 해주시며 알아봐주셨어요."

- 자신의 시도에 힘을 실어주는 반응은?

"선생님이 달리기를 잘 한다며 그 다음 부터는 계주선수로 뛰었는데, 내가 잘뛰어서 청군이 차이가 많이나게 이겼고 너무 내가 자랑스러워요. 선생님도 칭찬을 많이 해주셨어요."

- 앞으로 새롭게 시도해보고 싶은 일은 무엇이고 용기를 내어 하고 싶은 것은?

"나는 영어 학원에 다니는데, 영어 스피치 대회에 나가서 입상하는 거에요."

- 활동 후 느낀점은?

"나에게 자신감이 있었던 생각이 나서 좋았구요 앞으로 더 노력하고 '할 수 있다'라고 생각 해야 겠어요. 해보니까 좋았어요. 호호…"하며 기분이 좋은지 밝게 웃는다.

※ 참고문헌

최외선·김갑숙·서소희·홍인애·류미련·강수현 공저(2012). 미술치료 열 두달 프로그램 II. 학지사, p. 120.

46회기: 조절기반 ⇨ 나의 변화

목표
① 한 해를 돌아보고 나의 긍정적인 변화를 생각하면서 자신감을 가진다.
② 친구들로부터 나의 긍정적인 변화에 대해 칭찬을 들으면서 즐거움과 자부심을 가진다.

기대효과
① 자신의 자아를 향상시키고 풍요롭게 할 수 있다.
② 상호작용을 통해 긍정적 공감의 효과를 얻을 수 있다.

준비물
연필, 도화지, 색연필 등

활동방법
도입(10분): ① 인사나누기 ② 워밍업

활동(30분):
① 눈을 감고 한 해를 생각해본다.
② 한 해 동안 나의 변화된 모습을 나열해 본다.
③ 긍정적인 변화와 부정적인 변화로 나누어 각각 10개씩 적는다.
④ 나의 변화 중에서 다른 사람을 기쁘게 하는 변화와 나를 기쁘게 하는 변화를 찾고 그것을 그림으로 그린다.
⑤ 그림이 완성되면 친구들과 함께 모여 자신의 변화 중에서 그림으로 그린 변화를 중심으로 발표한다.
⑥ 친구의 발표를 들으면서 긍정적인 변화에 칭찬해 준다. 또 그 친구가 미처 발견하지 못한 긍정적인 변화를 말해 준다.

⑦ 친구들의 변화 중에서 본받고 싶거나 또 변화되었으면 하는 친구의 모습은 어떤 것

   이 있는지 자유롭게 이야기한다.

⑧ 친구의 이야기를 듣고 어떤 점을 변화시켜야 할지 다짐하는 시간을 가진다.

⑨ 활동 후 느낀 점에 대해 이야기를 나눈다.

이야기(10분): 작품의 전 과정과 작품 속 이야기 나누기 치료환경 정리

주의사항

아동이 긍정적이고 성숙된 자신의 모습을 발견하도록 돕는다.

활동사진

[그림 90] 나의 변화 (초등학교 11세 여)

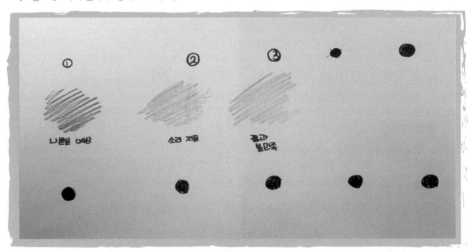

[그림 91] 나의 변화 (초등학교 11세 여)

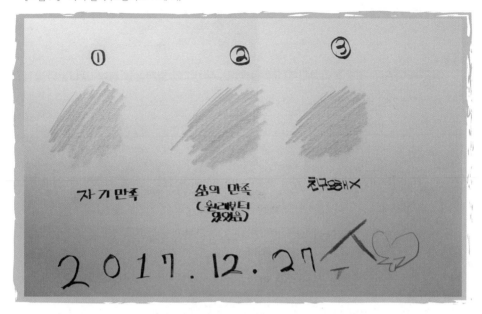

평소에 그림그리기를 꺼려하여 색으로 표현할 수 있다고 알려주자 좋아함.

가장 먼저 부정적인 변화를 글로 적고 색으로 표현. 할 말이 많지 않다며 세 가지만 적게다고 함. 이후 긍정적인 변화를 표현하였다. 부정적인 변화와 긍정적인 변화의 모양, 색이 어떻게 달라보이는지 묻자 크기와 색의 분위기가 다르다며 스스로 조금생각하는 시간을 갖음.

※ 참고문헌
최외선·김갑숙·서소희·홍인애·공저(2010). 창의성과 사회적 기술 향상을 위한 미술치료 열두 달 프로그램. 학지사, p. 274.

47회기: 각성조절 및 주의집중 ⇨ 자유 만다라

목표
아동 자기 자신에게 침착함과 고요함을 주며, 자신과의 일체감을 경험시키고, 더불어 자아존중감을 키울 수 있다.

기대효과
① 가운데 원이 있어서 빈 공간일 때보다 편안한 마음으로 그림을 시작할 수 있고, 원은 어디서나 균형이 잡혀 있기 때문에 통일성과 균형감, 원만함을 준다.
② 어떻게 표현하는 것이 옳은 방법인지 다소 모호한 경우 부담감을 줄여 줄 수 있다.

준비물
진흙, 돌, 물감, 연필, 모래, 크레파스, 색연필, 유성 마커, 가죽, 나무, 헝겊, 한지 등.
12x18인치의 흰색 혹은 검정색 도화지, 10인치 종이접시, 공책, 펜, 연필, 음악, 향이나 촛불.

활동방법
도입(10분): ① 인사나누기 ② 워밍업

활동(30분):
① 음악을 튼다.
② 음악을 들으면서 이완 작업을 하고 명상을 시작한다. 눈을 감고 내면세계에 초점을 맞추기 시작한다. 그리고 내면에 떠오르는 색상, 형태, 느낌 등으로 심상을 떠올린다.
③ 눈을 뜨고 앞에 놓여있는 색상들 가운데 한 가지 색깔을 선택하여 동그라미를 그린다. 종이접시를 본을 뜨거나 그냥 그린다.
④ 명상에서 떠올린 심상을 원의 중심 또는 가장자리부터 그려 나간다. 형상이 떠오르지 않으면 원의 중심 혹은 가장자리부터 색을 칠해 나간다.

⑤ 만다라를 완성한 후 만다라의 방위를 결정한다.

⑥ 방위가 결정되면 우측 꼭대기에 T자 표시를 한다. 만다라를 제작한 날짜도 기록하면 좋다.

⑦ T자 표시를 위로 가게 하여 만다라를 벽에 붙이거나 세워두고 관찰한다.

⑧ 만다라의 제목을 붙이고 색상, 숫자, 형태의 목록을 만든다.

⑨ 만다라에 대한 아동 자신의 느낌을 적고, 색상, 숫자, 형태에 대한 연상을 적어 본다.

이야기(10분): 작품의 전 과정과 작품 속 이야기 나누기 치료환경 정리

주의사항

① 만다라 제작 시 평평한 책상이나 고른 밑판을 준비한다.

② 집단으로 실시할 때, 한 책상에는 적어도 20가지 이상의 색연필이나 다른 색칠 도구를 두 세트 이상 비치한다.

③ 집단 활동 시 한 책상에 네 명 정도 함께 앉아 재료를 중앙에 두고 작업하는 것이 좋다. 이때 서로 말을 나누지 않는다.

④ 만다라를 제작한 후 그림에 대한 평가는 하지 않는다.

⑤ 만다라를 완성한 후 만다라의 상징은 내담자가 자신의 만다라에 대한 자신의 연상과 만다라 상징에 대한 해석을 참고하여 해석하는 것이 좋다.

⑥ 내담자는 자신이 그린 만다라에 대한 긍정적인 감정을 표현하는 경우가 많다. 따라서 제작된 만다라를 타인에게 선물을 하거나, 액자에 걸어 전시하는 등의 활동도 무방하며, 이를 통해 만다라 제작에 흥미를 유발할 수 있다.

활동사진

[그림 92] 자유 만다라 (중학교 1학년 여), 제목: 장벽을 뚫고 나와라

도화지에 1회용 접시를 대고 동그랗게 모양을 본뜬다. 위에 선을 8등분하여 가운데는 붉은 색으로 칠하고, 넓은 곳에 검정색으로 칠하고 마무리를 노랑과 핑크색으로 칠했다. '자신이 무엇을 하려고 하면 방해하고 잘 안되는 것들이 가로막고 있는 것 같다'라고 말하면서 천천히 감상을 하고, 작품의 제목을 "장벽을 뚫고 나와라."라고 썼다.

[그림 93] 자유 만다라 (중학교 1학년 여), 제목: 균형이 필요해

가운데에 진한 색을 칠하고 밖으로 나오면서 초록 파랑색으로 해주었다. 노란색으로 타원형에 칠해주고 빨강색, 주황색으로 마무리 해주었다. 하트는 포인트로 해주고 핑크색을 칠했다.

"남자애들은 이쁜 여자애들만 좋아해요."라고 말하며 기분이 좋지 않은 표정으로 말하였다.

"한쪽으로 기울지 않게 균형을 잡아주어야 해요." 제목은 '균형이 필요해'라고 썼다.

※ 참고문헌
최은영·공마리아 공저(2002). 미술심리치료. 학지사, p. 46-53.

48회기: 각성조절 ⇨ 버스 여행 표현

목표
자기표현에 대한 자신감을 기를 수 있다.

기대효과
① 책임감을 기를 수 있다.

② 표현을 자유롭게 할 수 있다.

준비물
보온 은박지 5m, 모루, 색지, 유리테이프, 매직, 글루건 가위

활동방법
도입(10분): ① 인사나누기 ② 워밍업

활동(30분):

① 보온 은박지를 펴서 버스 모양의 외형을 그린다.

② 버스에 탄 사람과 문을 여러 가지 재료로 그리고 조형한다.

③ 버스에 타고 내리는 것을 연상하며 자유롭게 버스를 장식한다.

이야기(10분): 작품의 전 과정과 작품 속 이야기 나누기 치료환경 정리

활동사진

[그림 94] 버스 여행 표현 (유치원생 6~7세 아이들 총 6명)

먼저 버스 하면 생각나는 것에 대해 이야기 나누어 보았다. 유치원 버스를 생각하는 아이들이 많았으며 창문, 백미러, 전조등, 문, 바퀴 등을 생각해보고 색지로 오려 붙이며 창문에 본인들의 얼굴들을 붙이고 다같이 유치원 버스를 타고 에버랜드 눈썰매장을 같이 간다고 하였다. 그 중 차 앞에 혼자 자기 얼굴을 붙이는 아이가 있었는데, 친구들이 같이 가자고 하며 위에 올려주는 행동이 보이고 이 활동을 할 때의 감정은 행복하고 즐겁다고 하였다.

※ 참고문헌
이혜숙 · 김선미 저(2011). 아동미술교육. 양서원.

49회기: 안전한 장소 ⇨ 꿈나무 그리기

목표
미래의 모습을 표현해 봄으로써 긍정적 미래상과 자아상을 확립할 수 있다.

기대효과
긍정적인 미래상을 확립하는 데 도움을 준다.

준비물
빨간색, 초록색 색지, 가위, 풀, 신문지, 폼포드지, 크레파스, 사인펜, 매직, HB 연필, 지우개

활동방법
도입(10분): ① 인사나누기 ② 워밍업

활동(30분):
① 빨간색 색지에 열매나 꽃을 표현하고, 생각한 것을 써 넣는다. 초록색으로는 잎을 꾸민다.
② 잎에는 미래의 계획을 위해 지금 할 수 있거나 해야 할 일 또는 자신의 장점을 써 본다.
③ 나무의 줄기는 신문지를 찢어 붙이기 한다.
④ 집단에서 실시할 때에는 집단원들이 나무를 함께 꾸며도 좋다.

이야기(10분): 작품의 전 과정과 작품 속 이야기 나누기 치료환경 정리

주의사항
미래를 위해 현재 자신이 무엇을 실천해야 하는지에 대해 내담자가 부담스러워할 수 있으므로 과제나 무거운 짐으로 느끼지 않도록 유의한다.

[그림 95] 꿈나무 그리기 (초등학교 1~4학년 아이들)

꿈나무는 집단에서 진행했는데, 장점에 대해서는 본인들은 잘 모르겠다. 내 장점이 뭐지라고 했는데, 집단원들이 서로의 장점을 말해주고 그것을 적었다.

꿈에 대해서는 미래에 되고 싶은 것을 적어도 되고, 올해(2018년) 하고 싶은 것을 적어도 된다고 했다.

※ 참고문헌
박현주·서명옥 공저(2009). 미술치료의 매체활용법. 학지사.

50회기: 사회적 상호작용 ➡ 선물 만들기

목표
소망을 형상화 할 수 있다.

기대효과
집단원 간의 긍정적인 피드백을 통해 자아존중감을 높인다.

준비물
찰흙, 점토용 조각칼, 플라스틱 판 혹은 책받침, 젖은 천, 붓, 포스터컬러물감

활동방법
도입(10분): ① 인사나누기 ② 워밍업

활동(30분):
① 찰흙을 이용해 선물을 만든다.
② 여러 도구를 이용해 선물을 꾸민다.

이야기(10분): 작품의 전 과정과 작품 속 이야기 나누기 치료환경 정리

주의사항
① 통제나 억압이 심하여 점토로 만드는 작업을 힘들어하거나 흙이 묻는 것을 부담스
　러워 하는 내담자에게는 잘 맞지 않으므로 점토 대신 종이에 그림으로 표현할 수 있
　도록 한다.
② 그늘에서 잘 말린 후 다음 회기에 채색을 할 수 있다.

[그림 96] 선물만들기 - 엄마에게 주고 싶은 선물(화려하고 멋진 가방), 동생에게 주고 싶은 선물(토끼인형)
(초등학생 2학년 여)

엄마가 운동갈 때 가지고 다니는 가방이 오래되고 멋진 가방이 아니다. 다른 엄마들은 멋지고 화려한 가방을 가지고 다니고 있어 우리 엄마도 그런 가방을 가지고 있었음 좋겠다(특히 운동 갈 때). 동생은 토끼인형을 좋아하는데, 얼마 전에 인형이 찢어졌다.

[그림 97] 선물만들기 - 받고싶은 선물(화장품, 특히 립스틱)(초등학생 2학년 여)

요즘 외모에 대한 관심이 증가한 탓에, '색'이 있는 립스틱을 갖고 싶어했다. 엄마 화장품을 몰래 바르거나 염색해 달라는 요구도 한다. 타인의 화장, 머리색, 귀걸이에 관심이 늘었다.

※ 참고문헌
박현주·서명옥 공저(2009). 미술치료의 매체활용법. 학지사.

51회기: 부정적 감정 줄이기 ⇨ 장점 희망 연 만들기

목표
삶에 대한 회상을 통해 자아를 통합하고 미래상을 세울 수 있다.

기대효과
긍정적인 미래상을 만들 수 있다.

준비물
만다라 문양지, 다양한 색상의 색지, 한지, 사인펜, 매직, 크레파스, 가위, 풀

활동방법
도입(10분): ① 인사나누기 ② 워밍업

활동(30분):

① 다양한 색상의 색지 중 하나를 선택하고 연 모양으로 자른다.

② 만다라 문양지 중 마음에 드는 것을 하나 골라서 채색한다.

③ 만다라 문양을 잘라 연의 가운데에 붙인다.

④ 연에 색지나 한지를 잘라 꼬리를 만든다.

⑤ 꼬리 부분에 자신의 소망을 쓴다.

이야기(10분): 작품의 전 과정과 작품 속 이야기 나누기, 치료환경 정리

주의사항
복잡한 만다라 문양보다는 비교적 간단하고 채색하기 쉬운 문양으로 준비한다.

[그림 98] 희망 연 만들기 (초등학교 6학년 여)

소망을 담은 연 만들기에서 3학년 때 반에서 친구를 만들지 못한 아이라서 "4학년 때는 친구를 많이 만들고 싶다."라고 했으며 동생이 둘이나 있어 엄마와의 둘만의 시간을 보낼 수 없어서인지 엄마와 둘이서만 여행가는 걸 소망으로 썼다.

[그림 99] 희망 연 만들기 (초등학교 4학년 여)

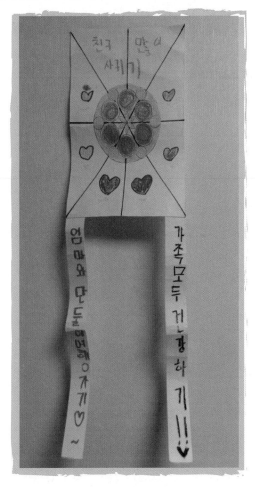

※ 참고문헌

박현주·서명옥 공저(2009). 미술치료의 매체활용법. 학지사.

52회기: 멋진 나 ⇨ 내 모습 꾸미기

목표
① 긍정적인 자아상을 심어준다.

② 내담자의 표현력과 성취감을 증진시킨다.

기대효과
① 자아를 긍정적으로 바라볼 수 있게 해준다.

② 자신의 신체에 존중감을 가질 수 있도록 이야기 한다.

준비물
지점토, 음료수 유리병, 아크릴물감, 붓, 바니시, 물통

활동방법
도입(10분): ① 인사나누기 ② 워밍업

활동(30분):

① 지점토를 잘라 길게 밀어서 코일링 기법으로 유리병 전체에 얇게 지점토를 펴서 붙인다. 그리고 지점토로 동그란 모양을 만들어 음료수 병위에 올려 머리 부분을 표현한다.

② 머리에 이목구비를 표현한다. 몸통에 팔과 다리도 만든다.

③ 꾸미고 싶으면 지점토를 활용해 더 꾸며도 된다.

④ 잘 말린 후 수채화 물감으로 색을 칠한다. 채색 후 마감재(바니시)를 발라준다.

이야기(10분): 작품의 전 과정과 작품 속 이야기 나누기, 치료환경 정리

주의사항

① 지점토가 마르는 과정에서 떨어지지 않도록 붙일 때 잘 눌러준다.

② 완성된 작품을 신문지로 붙지 않게 싸서 그늘에 말린다.

③ 젖은 상태로 바니시를 발라주면 안 된다.

활동사진

[그림 100]　내 모습 꾸미기 (초등학교 6학년 여)

아동은 자신의 외모를 뚱뚱하고 못생겼다고 부정적으로 생각하고 이쁘고 날씬한 친구들을 보면 부럽다고 한다. 그런데 아직 다이어트를 하면 안 된다고 엄마가 나중에 대학교 가서 하라고 하는데, 움직이는 것이 귀찮고 먹는 것을 못 참겠다고 한다. 먹을 때 배가 불러도 음식이 앞에 있으면 계속 젓가락이 가고 우리 집에서 끝까지 먹는 사람은 '나'라고 한다.

"엄마가 못 먹게 하면 더 먹고 싶고 내방에서 몰래 먹다가 혼난 적이 있어요, 그래서 쓰레기통에 버리지 않고 책상서랍에 넣어 놨는데, 곰팡이가 피고 나중에 또 엄마한테 걸려서 엄청 혼났어요."하였다. 아동이 자신이 하는 행동을 이야기하며 알 고 있는 모습이다.

점토를 밀어서 붙이며 "날씬하고 이쁘게 만들어 줘야지!"하고 말하며 즐거운 표정으로 활동하고 다 마른 후 일주일 후에 색을 칠할 때 신기한 듯 물감을 칠하면서 "나도 나중에 크면 날씬하게 할 것예요."라고 만족해하는 모습이었다.

※ 참고문헌
박현주·서명옥 공저(2009). 미술치료의 매체활용법. 학지사.

53회기: 부정적 취약점 제거 ⇨ 내 인생에 중요한 사람에게 편지쓰기

목표
① 내담자의 인생에서 중요하고 의미 있는 대상에 대해 탐색한다.

② 내담자의 대인관계 양상을 파악한다.

기대효과
① 다른 사람을 생각하는 마음을 느낄 수 있다.

② 자신의 생각을 인지하고 긍정적으로 바꿀 수 있다.

준비물
색지, 크레파스, 사인펜, 색연필, 파스텔, 물감, 마분지, 가위

활동방법
도입(10분): ① 인사나누기 ② 워밍업

활동(30분):

① 마분지를 8등분으로 자른 후 자른 마분지를 반으로 접어 반쪽만 원하는 그림을 그리고 오린다.

② 다른 모양들도 같은 방법으로 오린 후 꾸며준다.

③ 꾸며진 종이에 떠올린 대상에게 편지를 쓴다.

이야기(10분): 작품의 전 과정과 작품 속 이야기 나누기, 치료환경 정리

주의사항
치료자는 스텐실 기법을 미리 숙지하고 내담자에게 방법을 제시해 줄 수 있어야 한다.

활동사진

[그림 101] 내 인생에 중요한 사람에게 편지쓰기 (중학교 1학년 여)

인생에서 가장 중요하고 의미 있는 대상에 대해 묻자 "당연히 부모님이죠."라고 하며 대답한다. 곰곰이 생각하더니 친구와 언니에게도 쓰고 싶다고 하며 편지를 쓰고 난 후 "여기에 쓴 건 다 제 진심이에요."라고 말한다.

※ 참고문헌

박현주·서명옥 공저(2009). 미술치료의 매체활용법. 학지사, p. 103.

54회기: 능력 있는 나 ⇨ 액자 만들기

목표
① 완성된 작품을 통해 성취감을 갖도록 돕는다.

② 창의력과 표현력을 증진시킨다.

기대효과
창의적인 표현을 할 수 있도록 도움을 준다.

준비물
다양한 나무토막, 하드스틱 8~10개, 목공 풀, 사인펜, 매직, 양면테이프

활동방법
도입(10분): ① 인사나누기 ② 워밍업

활동(30분):

`① 하드스틱 6~8개를 가로로 놓고 양쪽 가장자리에서 1.5cm 정도 안쪽에 양면테이프를 붙인다.

② 양면테이프를 붙인 곳에 아이스막대를 세로로 붙여 액자를 만든다.

③ 액자의 앞면에 나무 조각들을 붙여 표현하도록 한다.

④ 완성한 뒤 매직이나 사인펜을 이용하여 꾸며 준다.

이야기(10분): 작품의 전 과정과 작품 속 이야기 나누기, 치료환경 정리

주의사항
글루건을 준비해 두었다가 목공 풀로 붙이지 않는 곳을 접착하는 데 사용하도록 한다.

[그림 102] 능력있는 나 – 액자만들기 (유치원생 7세 여)

도입: "오늘은 특별한 활동을 할거야."라고 말한 후 액자만들기 설명을 한다. 아동은 흥미를 보이며 자발적으로 참여했다. 우드스틱을 보며 병원에서 자주 보는 것 같다고 하면서 붙였다.

활동 중: 다양한 나무조각을 찾아 우드스틱 판에 붙인다. 목공풀을 이용해서 꼼꼼이 바르고선 붙이며 T에게 설명한다. "이건 꽃이에요. 이건 문어예요." 등. 활동중 집중이 떨어지자 돌아다니다가 스티커를 발견하고선 T에게 꾸미는 데 사용하고 싶다고 하여 그렇게 하라고 함. 가족사진 붙일 공간에 싸인펜으로 그림을 그려두고 스티커 작업을 했다.

활동 후: "요정나라에서 온 요정이고 꽃에 컵케이크를 올려놨어요. 컵케이크가 꽃 위에 있을 수 있어요. 거기에 올린거에요. 컵케이크가 좋아요. 그래서 세 개요. 공주 스티커는 좋아서 붙였어요. 싸인펜으로 하트를 그린거에요. 각각 다른색 하트에요."

활동 소감: 'T가 마음에 드냐고 어떤 느낌이 드냐'고 묻자 "네. 마음에 들어요. 좋아요.

사진 붙일거에요. 나무조각이 마음에 드는게 없어요. 종이로 액자만들기를
할 수 있어요. 종이로 모양을 만들어 만들 수 있어요. 나중에 또 해요."

※ 참고문헌
박현주 · 서명옥 공저(2009). 미술치료의 매체활용법. 학지사.

55회기: 편안한 나 ⇨ 꿈 표현하기

목표

① 작품을 통해 성취감을 얻는다.

② 미래에 대해 긍정적인 생각을 가지도록 한다.

기대효과

긍정적인 미래를 생각할 수 있게 한다.

준비물

가방, 염색용 색종이, 붓, 걸레, 팔레트, HB 연필, A4 용지, 다리미

활동방법

도입(10분): ① 인사나누기 ② 워밍업

활동(30분):

① 자신이 바라는 미래의 꿈이나 가족, 집에 대해 생각해 보고 그 이미지를 A4 용지에
   염색용 색종이를 오려서 붙인다.

② 그려본 이미지를 HB 연필로 티셔츠에 연하게 밑그림을 그린다.

③ 염색용 물감으로 색을 칠하고 말린 다음 A4 용지나 얇은 천을 위에 덮고 다리미로
   열을 가한다.

이야기(10분): 작품의 전 과정과 작품 속 이야기 나누기, 치료환경 정리

주의사항

염색용 물감이 다른 곳에 묻지 않도록 유의한다. 물감이 옷의 뒷면에 스며들 수 있으므
로 마분지나 신문지 등 두꺼운 동이를 옷 사이에 끼워 넣고 채색한다.

활동사진

[그림 103] 편안한 나 (중학교 1학년 여)

[그림 103] 편안한 나 (중학교 1학년 여)

[그림 104] 편안한 나 (중학교 1학년 여)

요즘 에코백 만들기를 하였다. 학생은 자신이 좋아하는 모양을 오려서 붙이고 천가방 오려붙인 A4 용지를 덮어서 다림질을 한다. 다 완성을 하고 나서 만족스럽다고 하였다. 남자친구에게 주고 싶다고 하면서 앞뒤를 다르게 만들고 손잡이에 하트를 만들어서 염색하였다.

※ 참고문헌
박현주·서명옥 공저(2009). 미술치료의 매체활용법. 학지사.

56회기: 안전한 나 ⇨ 전경과 배경 표현하기

목표
미래 모습이나 희망사항을 표현하게 하여 미래를 설계할 수 있다.

기대효과
자신의 미래에 대해 긍정적으로 생각할 수 있도록 한다.

준비물
A4 용지, OHP 필름, 유성매직, 네임펜, 크레파스, 색연필

활동방법
도입(10분): ① 인사나누기 ② 워밍업

활동(30분):

① 자신이 가고 싶은 곳이나 미래의 자신의 모습을 A4 용지에 크레파스나 색연필로 그림을 그린다.

② OHP 필름에는 그 풍경 속에 있을 자신의 모습을 네임펜이나 유성매직을 이용하여 그린다.

이야기(10분): 작품의 전 과정과 작품 속 이야기 나누기 치료환경 정리

주의사항
OHP 필름은 수성사인펜을 사용하면 잘 지워지므로 유성펜을 준비한다.

[그림 105] 안전한 나 전경과 배경 표현하기 (초등학생 4학년 여), 제목: 저의 미래의 모습

나(아동)의 뒷모습.

쟁기를 들고 있다.

정원사가 되고 싶어서. (농장에서 가축을 기르거라고 함)

농촌에 살고 싶다고 하며 농사를 지어서 농부가 되고 싶다고 함.

농부가 좋아서, 건강하고 돈을 많이 벌어서 살 수 있을 것 같다고 함.

큰집과 밭이 있는 고모 이야기를 함.

※ 참고문헌
박현주·서명옥 공저(2009). 미술치료의 매체활용법. 학지사.

57회기: 치유의 나 ⇨ 내 몸을 그려보아요

자신의 신체상을 그리고 탐색하는 과정을 통해 내담자는 신체상에 표현된 시각화된 트타우마 치유과정인 개인내적 표상을 평가하는 데 유용하다.

목표
자아 신체상을 그리고 자신의 개인내외적 상처에 대한 치유를 관찰 할 수 있다.

기대효과
① 그림을 통해 신체화 증상을 시각적으로 진단 할 수 있다.
② 사전사후 자신의 신체상 그림을 통해 치유의 효과를 진단할 수 있다.

준비물
8절지, 연필, 지우개, 크레파스, 색연필, 사인펜

활동방법
도입(10분): 인사나누기를 통해 지난 시간의 이후와 이 시간까지의 내담 아동의 정서를 파악한다. 자신의 모습을 거울에 비추어 본다.

활동(30분):
① 자신의 신체 부위를 관찰한다.
② 화지에 자신의 전신 신체를 그린다.
③ 신체 어느 부위가 불편한지 불편하거나 아픈 부분을 표시한다.
④ 그림을 완성하고 현재 불편한 부위가 잘 표현되었는지 살펴본다.

이야기(10분):
① 다 완성된 후 느낌을 말해보고, 다양한 친구의 형태가 있다는 것과 다르다는 의미에

대해 생각해 볼 수 있게 한다.

② 작품을 완성한 후에는 그림의 애매한 부분을 명확하게 하기 위해 질문을 통해 확인한다.

③ 이야기를 만들고 제목을 붙이도록 한다.

④ 작품에 대한 내담 아동이 어떠한 느낌인지를 질문한다.

⑤ 내담 아동의 생활상황과 관련하여 탐색할 수 있도록 한다.

⑥ 사전그림과 비교해 보며 회복한 자신에게 격려 메시지를 전달한다.

활동사진

[그림 106] 나의 몸 그리기 (고등학교 1학년 여)

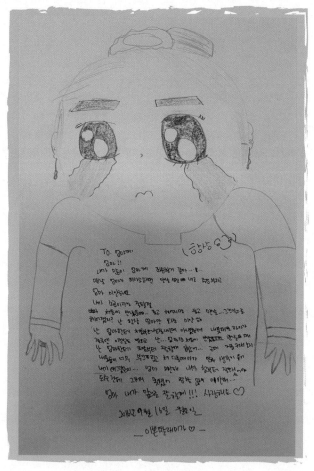

※ 참고도서

이숙민·송 순(2018), 성폭력피해 청소년의 정서안정감, 자아탄력성, 자아존중감 향상을 위한 인간중심미술치료 사례연구. 디지털융복합연구 16(2), 385–402.

참 고 문 헌

- 권상구(1999). 아동미술교육. 서울. 미진사.
- 구정일·김태형·은헌정·최말례·이선미·조수진·송옥선·김형욱(2006). 한국판 임상가용 아동 및 청소년을 위한 이상 후 스트레스장애 척도의 신뢰도 및 타당도 연구. 신경정신의학, 45(6), 571-566.
- 김미숙(2012). 미술치료가 비행청소년의 소년원 수용생활에 미치는 효과. 광운대학교 대학원 박사학위 논문.
- 김 정(1989). 아동회화의 이해. 서울. 창지사
- 김진숙(1993). 예술심리치료의 이론과 실제. 서울, 중앙적성출판사.
- 김진숙(2006). 미술치료학 개론. 서울. 학지사.
- 김판희·박춘희(2003). 다중지능이론에 기초한 미술프로그램의 유아미술 능력에 대한 효과. 미래유아교육학회지. 10(1).
- 노미연(2006). 외상 후 스트레스 장애 아동의 미술치료 단일사례연구. 동국대학교 문화예술대학원 석사학위논문.
- 박선영(2013). 외상 후 스트레스 아동의 미술치료사례연구: 정서 조절과 자아개념 증진을 중심으로. 동국대학교 석사학위논문.
- 박윤미·박진자(2011). 최신미술치료핸드북. 이담 Book.
- 박현주·서명옥(2009). 미술치료의 매체 활용법. 학지사.
- 백금정·백양희·김인숙(2009). PTSD아동의 불안 및 문제행동 완화를 위한 미술치료 사례연구. 미술치료연구, 16(3), 397-422.
- 석혜원(2011). 미술치료가 외상 후 스트레스 청소녀의 우울감 감소 및 자아존중감 향상에 미치는효과·성폭력 피해 지적장애 청소녀 단일사례 연구. 한양대학교 산업경영 디자인대학원 석사학위논문.
- 소방재청(2009). 재난피해자 심리지원 시책의 효율적 운용을 위한 기초조사연구.
- 신민섭(2003). 그림을 통한 아동의 진단과 이해: HTP와 KFD를 중심으로. 서울: 학지사.
- 신유정(2014). 미술치료가 교통사고 PTSD 아동의 PTSD 증상과 불안 및 자기표현에 미치는 영향. 건국대학교 디자인 대학원 석사학위논문.
- 신의진·엄소용·최의겸·송원영·오경자(2004). 한번의 심각한 외상 경험을 한 학령 전기 아동의 발달 정신병리. 신경정신의학, 43(2), 172-181.
- 이금매(2014). 미술치료 이론과 실제. 아동미술의 발달단계 경기: 양서원. p.83-97.
- 이미경(2011). 자기심리학적 미술치료가 우울증여성의 자아존중감, 우울증 및 자기대상영역에 미치는 영향. 우석대학교 경영행정문화대학원 석사학위논문.
- 이숙민·송 순(2015). 집단미술치료가 피학대 아동의 우울 및 불안, 자기상에 미치는 영향-아동학과미술치료학의 융복합적관점. 디지털융복합연구, 13(12). 291-302.
- 이숙민·송 순(2018). 성폭력피해 청소년의 정서안정감, 자아탄력성, 자아존중감 향상을 위한 인간중심미술치료 사례연구. 디지털융복합연구, 16(2). 385-402.

- 이숙민 · 최세민(2015).집단미술치료가 지적장애학생의 적응행동에 미친 영향. 예술심리치료연구.11.(4). 171-186.
- 이승희(2010). 성폭력 외상 후 스트레스를 중심으로 한 미술치료의 현황분석과 프로그램 연구. 한양대학교 석사학위논문.
- 이시용 · 정환금 · 허승희 · 허종관(2000). 아동생활지도와 상담. 경기 파주, 교육과학사.
- 이은진 · 이상복(2007). 외상 후 스트레스 장애(PTSD) 아동을 위한 상담중심 미술치료 적용연구. 특수교육재활과학연구, 46(2), 131-152.
- 이재연, 성영숙, 이명조(1990). 아동상담과 치료. 서울. 양서원.
- 이재연 외 역(2006) Malchiodi, C.A.: 학대받은 아동을 위한 미술치료. 서울, 학지사.
- 이창재(2006). 프로이트와의 대화. 서울. 학지사.
- 이혜숙 · 김선미(2011). 아동미술교육. 양서원.
- 이혜숙(2009). 특수아동미술교육과 통합의 실제. 양서원.
- 정여주(2006). 만다라 미술치료의 이론과 실제. 학지사.
- 장하열(2015). 학교폭력 예방을 위한 청소년 인성교육. 미간행 전문가 활용 자료.
- 장하열(2008). 마음공부법을 활용한 청소년 도덕교육의 연구. 원광대학교 행정대학원석사학위논문.
- 전영희(2007). 성 학대 피해 아동의 외상 후 스트레스 감소를 위한 미술치료 사례. 미술치료연구,14, 691-709.
- 전영숙 · 김현숙 · 유신옥 역(2011). 심리상담과 미술치료를 위한 발테그 그림검사. 대구이문출판사.
- 조윤화 · 주혜선 · 박철옥 · 안현의(2015). 트라우마심리치료 기본과정. 미간행 자료집.
- 조윤화 · 주혜선 · 박철옥 · 안현의(2015). 트라우마심리치료 중급과정. 미간행 자료집.
- 조정자 · 김동연(1996). 미술치료기법을 통한 성폭행 피해 아동의 상담사례, 미술치료연구 3(2), 14-159.
- 전영숙(2010). 발테그 그림검사(WZT)의 해석에 관한 기초연구. 미술치료연구 17(4), 1033-1052.
- 주리애 역(2007). 이구동성 미술치료. 서울: 학지사.
- 주리애(2000). 미술치료는 미술치료. 서울: 학지사.
- 지옥진(2006). 집단미술치료가 정신지체 청소년의 자율신경계에 미치는 영향에 관한 예비연구. 원광대학교 동서보완의학대학원 석사학위논문.
- 지옥진 · 오상우(2012). 미술치료가 정신지체 중복장애 아동의 문제행동 감소와 주의집중력 향상에 미치는 효과. 한국임상치유예술학회지, 2(1), 73-90.
- 최금란 · 김갑숙(2004).성폭력 피해를 입은 정신지체아의 위기극복을 위한 미술치료 사례연구. 미술치료연구 11, 101-122.
- 최외선 · 이은주(2011). 내 마음이 보이니. 학지사.
- 최은영 · 공마리아(2002). 미술심리치료. 학지사.
- 최외선 · 김갑숙 · 서소희 · 홍인애 · 류미련 · 강수현 공저(2012). 미술치료 12달 프로그램 Ⅱ. 학지사.
- 최외선 · 이근매 · 김갑숙 · 초선남 · 이미옥 공저(2012). 마음을 나누는 미술치료. 학지사.
- 최재영 · 김진연(2000). 미술치료. 서울: 조형교육 p.44-230.

– 한국미술치료학회 (1997). 미술치료의 이론과 실제, 동아문화사.

– 황은수·성영혜 (2006). 아동의 학대경험이 우울과 불안에 영향을 미치는 자기 인지정서의 매개 효과. 놀이치료연구, 9(2), 73-89.

– Allen, J. G. (1995). *Coping with trauma: A guide to self-understanding*. Washington D.C: American Psychiatric Press.

– Allen, Tarnowski (1989). Depressive characteristics of physically abused children. *Journal of Abnormal Child Psychology*.

– American Psychiatric Association(2013). *Diagnostic and Statistical Manual of Mental Disorders Fifth Edition(DSM-5)*. American Pyschiatric Publishing. Washington, DC: London.

– Briere, J., & Runtz, M. (1988). Multivariate correlates of childhood psychological and physical maltreatment among university women. *Child Abuse & Neglect*, 12, 331-341.

– Brittain, W, L. (1979). *Creating, art, and Young Child*, NY: Macmillan.

– Collie, K., Backos, A., Malchiodi, C. & Spiegel, D. (2006) Art therapy for combat-related PTSD: Recommendations for research and practice. *Art Therapy*. 23, 157-164.

– Craig M, Helen F. (2007). Environmental Factor in Schizophrenia: Childhood Trauma, A critical Review. *Schizophrenia Bulletin*, 33(1), 3-10.

– Dodge, K. A., Pettit, G. S., Bates, J. E., & Valente, E. (1995). Social information processing patterns partially mediated the effects of early physical abuse on later conduct problems. *Journal of Abnormal Psychology*, 104, 632-643.

– Dutton, D. G. (1999). Traumatic origins of intimate rage. *Aggression and violent Behavior*, 4, 431-447.

– Egeland, B., Jacobvitz, D., & Sroufe, L. A. (1988). Breaking the cycle of abuse, *Child Development, 59*, 1080-1988.

– Gantt & Tobon, C.(1998). *Rating manual for the Formal Elements Art Therapy Scale Morgantown*, WV: Gargoyle Press.

– Gillespie, J.(1994). *The projective use of mother and-Child Drawing*. New York: Brunner/Mazal.

– Clark(2002); Mo Sak & Di Pietro(2006). *Early Recollection: Interpretative Method and Applieation*.

– Jane, N. M.(2002). Art therapy, an effective outreach intervetion with traumatized children with suspected acquired brain injury. *Art Psychotherapy* 129. 159-172.

– Joan Borysenko, Miroslav Borysenko(1994)/ 장현갑·추선희·김종성공역(2005). 마음이 지닌 치유의 힘. 학지사.

– Kelly G. Wilson, Troy DuFrene(2009)/ 박경·이선영 역(2013). 마음챙김. 학지사.

– Len Sperry, Jonathan Sperry(2012)/ 이명우 역(2014). 상담실무자를 위한 사례개념화 이해와 실제. 학지사.

- Lallemant, A. U. (1978). Der Wartegg-Zeichentest in der Jugend-Beratung(German Ed.) Ernst Reinhardt verlag München Basel.
- Malchiodi, C. A(1998). 한국미술치료학회 특별기고(1998). 아동외상과 미술치료. 한국미술치료학회, 5(2), 1-17.
- Sharon L. Johnson(2009)/유미숙·천혜숙 역(2013). 외상후 스트레스 장애-치료가이드. 시그마프레스..
- Wadeson, H. S. (1980). *Art Psychotherapy New York*: John Wiley and Sons.
- DSM-4(1994). "*Basic Facts about Child Trauma*" The National Child Traumatic Stress Network
- 비키 바버 저, 홍은주 역(2009). 미술치료 작업노트-나를 찾는 여행. 시그마 프레스.
- http://www.neolook.net/archives/20060410b

저 자 소 개

송 순(Soon, Song)

- 동국대학교 사범대학 가정교육박사(아동가족전공)
- 원광대학교 사회과학대학 가정아동복지학과 명예교수
- U of TOISE 방문교수
- 한국모래상자치료학회학회장
- 한국가족복지학회아동보호 전문가, 성폭력·가정폭력전문 상담사, 전문교육 강사
- 모래상자상담 전문가, 모래상자상담 슈퍼바이저, 모래상자상담교육 전문가
- 미술치료전문가

- 『모래상자치료입문』(박영사, 2018)
- 「양서류의 상징 개구리, 두꺼비」(원광대학교 e-book, 2018)
- 「곤충의상징」(모래상자치료연구. 2017)
- 「성폭력피해 청소년의 정서안정감, 자아탄력성, 자아존중감 향상을 위한 인간중심미술치료 사례연구」(디지털융복합연구, 2018)
- 「집단미술치료가 피학대 아동의 우울 및 불안, 자기상에 미치는 영향 –아동학과미술치료학의 융복합적관점」(디지털융복합연구, 2015)
- 「트라우마가 있는 아동내담자를 위한 미술치료프로.그램 연구」(원광대학교 산학협력단, 2015)

이숙민(Sug-Min, Lee)

- 원광대학교 일반대학원 보건학과 예술치료학박사
- 차의과학대학교 일반대학원 의학과 임상미술치료전공 박사과정
- 원광대학교 보건보완의학대학원 미술치료학과초빙교수
- 원광대학교 사회과학대학 가정아동복지학과 외래교수
- 오산대학교 교양과 외래교수
- 임상수련감독예술치료슈퍼바이저(미술치료전문가: 한국예술치료학회, 한국임상치유학회)
- 법무부전주교정원심리치료 위촉교수
- 성폭력·가정폭력 전문 상담 및 강사
- 아트인트라우마심리치료연구회 대표

- 『사람중심예술치료사례연구』(양서원, 2015)

- 『지적장애아동 미술치료 이론과 실제』(도서출판 선진, 2014)
- 『예술치료사의 연구윤리 핸드북』(광일사, 2015)
- 「폭력예방교육지침서-성폭력 성희롱 성매매」(여성가족부, 2015)
- 「집단미술치료가 지적장애학생의 적응행동에 미친 영향」(예술심리치료연구, 2015)
- 「집단미술치료가 피학대 아동의 우울 및 불안, 자기상에 미치는 영향 -아동학과미술치료학의 융복합적관점」(디지털융복합연구, 2015)
- 「성폭력피해 청소년의 정서안정감, 자아탄력성, 자아존중감 향상을 위한 인간중심미술치료 사례연구」(디지털융복합연구, 2018) 외 다수
- 「트라우마가 있는 아동내담자를 위한 미술치료프로그램 연구」(원광대학교 산학협력단, 2015)

지옥진(Ok-Jin, Ji)

- 원광대학교 일반대학원 보건학과 예술치료 박사
- 국제대학교 아동보육과 겸임교수
- 부부가족상담 부모교육협회 회장
- 행복한우리심리상담센터 대표
- 한국 심리재활연구소 소장
- 수원 가정법원 가사상담위원
- 미술심리상담 전문가
- 놀이심리상담 전문가
- 가족상담 전문가

- 「집단미술치료가 정신지체 청소년의 자율신경계에 미치는 영향」(원광대학교 석사, 2005)
- 「통합예술치료가 뇌졸중환자의 자아존중감 우울 삶의질에 미치는 영향」(원광대학교 박사, 2011)
- 「미술치료가 정신지체 중복장애 아동의 문제행동 감소와 주의집중력 향상에 미치는 영향」(한국임상치유학회, 2012)
- 「외상성 부부 손상 환자 집단의 한국판 성격 평가 질문지에 나타난 특성분석」(한국재활심리학회, 2010)
- 「경기도 지역사회서비스 산후우울증에 대한 프로그램 연구」(2018)
- 「트라우마가 있는 아동내담자를 위한 미술치료프로그램 연구」(원광대학교 산학협력단, 2015)

이 교재는 교육부의 재원으로 한국연구재단의 지원을 받아 수행된 산학협력선도대학(LINC)
육성사업의 연구결과입니다.

트라우마가 있는 아동 내담자를 위한
미술치료 프로그램

초판발행	2019년 1월 10일
지은이	송 순 · 이숙민 · 지옥진
펴낸이	안종만
편 집	김상윤
기획/마케팅	이영조
표지디자인	김연서
제 작	우인도·고철민
펴낸곳	(주) 피와이메이트
	서울특별시 금천구 가산디지털2로 53 한라시그마밸리 210호(가산동)
	등록 2014.2.12. 제2018-000080호
전 화	02)733-6771
f a x	02)736-4818
e-mail	pys@pybook.co.kr
homepage	www.pybook.co.kr
ISBN	979-11-89643-46-1 03370

정 가   18,000원

박영스토리(피와이메이트)는 박영사와 함께하는 브랜드입니다.